Markus Jentsch

Medienprojekte

für sozialpädagogische Berufe

1. Auflage

Bestellnummer 40280

Bildungsverlag EINS

Haben Sie Anregungen oder Kritikpunkte zu diesem Produkt?
Dann senden Sie eine E-Mail an 40280_001@bv-1.de
Autor und Verlag freuen sich auf Ihre Rückmeldung.

www.bildungsverlag1.de

Bildungsverlag EINS GmbH
Hansestraße 115, 51149, Köln

ISBN 978-3-427-40280-0

Inhaltsverzeichnis

Vorwort

Dieses Buch richtet sich an alle Unterrichtenden im Fach Medien sowie an alle sozialpädagogischen Fachkräfte, die in ihren Einrichtungen gemeinsam mit ihren Klienten das große Feld der Medien entdecken und aktiv nutzen möchten. Zudem soll es angehenden Fachkräften in der Ausbildung Perspektiven für die Medienrezeption und -gestaltung in der späteren sozialpädagogischen Berufstätigkeit aufzeigen. Neben der Aufbereitung theoretischer und technischer Grundlagen werden für jeden der vorgestellten Teilbereiche der Medienarbeit ein konkretes Projekt sowie methodische Hinweise für die Arbeit mit Kindern im Krippenbereich bis zur Jugendarbeit gegeben.

Förderung von Medienkompetenz

Kapitel im Buch	Fotoprojekt	Projekt Filmanalyse	Projekt Kurzfilm	Projekt Kinderbuch
Medienkritik	X	X	X	X
Mediennutzung	X	X	X	X
Mediengestaltung	X		X	X
Medienkunde	X	X	X	X

Das Buch will aufzeigen, was außer dem Medienkonsum in diesem vielseitigen Arbeitsgebiet möglich ist und damit Anregungen zum Nachmachen und vor allem zur eigenen Ausgestaltung bieten. Dabei erhebt es keinen Anspruch auf eine generelle Umsetzbarkeit in allen Einrichtungsarten, Altersgruppen oder Gruppenkonstellationen. Mit den Hinweisen zur Zielstellung, welche sich am Sächsischen Bildungsplan orientieren, den altersspezifischen Merkmalen und Tipps zur Methodik wird ein Rahmen geschaffen, in den jede Erzieherin, jeder Heilerziehungspfleger oder Sozialpädagoge ihr bzw. sein eigenes Projekt einordnen kann. Das Ausprobieren ist für keinen zu schwierig, jeder kann diese Projekte mit den angegebenen Grundlagen umsetzen. Wichtig ist nur die Projekte den eigenen Erfordernissen und Möglichkeiten an zu passen.

Förderung in den Bildungsbereichen

Kapitel im Buch	Fotoprojekt	Projekt Filmanalyse	Projekt Kurzfilm	Projekt Kinderbuch
Somatische Bildung	X	X	X	X
Soziale Bildung	X	X	X	X
Kommunikative Bildung	X	X	X	X
Ästhetische Bildung	X	X	X	X
Naturwissenschaftliche Bildung	X	X	X	X
Mathematische Bildung	X	X	X	X

Auch für den Unterricht im Fach Medien als Teilbereich der kulturell-kreativen Kompetenzen in den sozialpädagogischen Fachschulberufen soll das Buch eine wertvolle Stütze sein. Der Lehrplan fordert hier neben der praxisorientierten Anwendung viele Grundlagen. Deren Vermittlung und die Umsetzung in einer Projektarbeit sind im vorgegebenen zeitlichen Rahmen von zwei Unterrichtsstunden pro Woche nicht realisierbar. Aus der Erfahrung heraus bietet es sich geradezu an, mit minimaler vorheriger Wissensvermittlung in ein Projekt einzusteigen und während der praktischen Umsetzung die notwendige Theorie gemeinsam mit den Schülern zu erarbeiten. Erst während der Beschäftigung mit einer Thematik oder einem Programm werden den Schülerinnen Wissenslücken bewusst, welche durch das handlungsorientierte Arbeiten am Projekt dauerhaft geschlossen werden können. Es ist generell weder notwendig noch motivierend einzelne Programme oder Komponenten bis ins kleinste Detail vorab zu kennen, bevor man sie in einem Projekt in die Tat umsetzt. Es gibt dabei kaum sichtbare Erfolge und letztendlich verringert sich die Lust auf die Arbeit mit Medien. Aus diesem Grund sollte man sich von der Vorstellung, alle Grundlagen perfekt zu beherrschen, verabschieden. Vielmehr sollte man darauf bauen, die Schülerinnen für das Fach Medien zu begeistern, ihnen zu zeigen, was möglich ist und sie somit für weitere, eigene Medienprojekte zu motivieren. Längst bietet aktuelle Software viele nützliche Hilfsfunktionen, die das Arbeiten erleichtern. Auch die Bedienung von Camcorder oder Digitalkamera wird durch stetig verbesserte Automatikfunktionen wesentlich einfacher. Frei nach dem Motto „Der Weg ist das Ziel" sollten die Projekte gemeinsam mit den Schülerinnen erarbeitet werden. Da das Feld der Medienarbeit zu groß und ihre Möglichkeiten zu vielfältig sind, sind die Schüler gefordert, sich in der beruflichen Praxis selbstständig weiter mit der Thematik zu beschäftigen. Das Wichtigste im Unterricht ist zu sehen, was möglich ist und welche spezielle Richtung dem Einzelnen liegt. Medienkompetenz wird nur durch den Umgang und das Ausprobieren mit Medien erlernt.

Alle angegebenen Projektbeispiele in diesem Buch wurden im BSZ Eilenburg, Rote Jahne mit Schülerinnen der Fachschulen und der Berufsfachschule für Sozialwesen sowie in Kooperation mit der Galerie für Zeitgenössische Kunst, Leipzig umgesetzt.

Das Filmbeispiel „Zu Besuch bei Frau Doktor Milchzahn" aus dem Projekt Kurzfilm kann nach Registrierung auf der Homepage des Bildungsverlag Eins unter www.bildungsverlag1.de/buchplusweb angesehen werden. Den entsprechenden Zugangscode finden Sie vorn im Buch.

Aus Gründen der besseren Lesbarkeit wurde im Text abwechselnd die weibliche und männliche Form der Berufsbezeichnung verwendet. Selbstverständlich ist gleichzeitig immer auch das jeweils andere Geschlecht angesprochen.

Theoretische Grundlagen und Vorüberlegungen

Medienkompetenz und mediale Ausdrucksmöglichkeiten

Bevor man sich mit der Medienkompetenz als Schlüsselqualifikation auseinandersetzt, ist eine kurze Klärung des Medienbegriffs notwendig. Jeder Mensch nutzt täglich Medien, sei es im privaten oder beruflichen Bereich, denn Medien gelten im Allgemeinen als Träger und Übermittler von Informationen bzw. Hilfsmittel zur Kommunikation. Kommunikation wiederum ist ein wichtiger Bestandteil unseres Lebens und Überlebens. Ohne den Informationsaustausch mit anderen Menschen würden wir als soziale Wesen verkümmern und für eine moderne Gesellschaft hat er eine existenzielle Funktion.

Kommunikation ist also ein wesentliches Grundbedürfnis, welches auf verschiedenen Wegen befriedigt werden kann. Neben der verbalen und nonverbalen Kommunikation zwischen den Menschen, bei denen der Mensch selbst als Medium fungiert, gibt es heutzutage eine große Bandbreite an materiellen Hilfsmitteln zur Übertragung von Informationen. Felszeichnungen aus der Steinzeit können wohl als die ältesten künstlich erzeugten Informationsträger angesehen werden. Die technischen Errungenschaften im Bereich von Multimedia und ihre globale Verbreitung zeigen den heutigen hohen Stellenwert von Kommunikation und Mediennutzung rund um den Erdball.

> *Definition*
> *„Medienkompetenz umfasst, wie der Begriff auch nahe legt, alle Medien, von den Printmedien über Rundfunk und Fernsehen, Kassetten und Videorekorder, Telefon und Walkman bis zu den interaktiv und multimedial entwickelten Kommunikationsformen vom Computer (offline) und Internet (online)." (Baacke, 1998)*

Im Bereich der Bildung arbeitet man seit langem mit verschiedensten Medien, von Lehrbüchern, Modellen und Karten bis hin zum computergestützten Unterricht in den naturwissenschaftlichen Fächern wie in den Sprachen. Auch in den Kindereinrichtungen haben neue Medien längst Einzug gehalten, obwohl der Computerarbeitsplatz als Lernort im Kindergarten immer noch kontrovers diskutiert wird. Man sollte sich jedoch vor Augen halten, dass die meisten Kinder heute schon von klein auf daheim mit dem PC aufwachsen, ergänzt durch Medien wie das Handy, den Fernseher, die Spielkonsole, Kameras etc. Der verantwortungsvolle Umgang damit wird uns jedoch nicht in die Wiege gelegt, sondern wir müssen ihn erlernen und üben.

„Wenn man sich verdeutlicht, wie sehr Medien die Lebenswelt von Kindern durchdringen und wie aktiv und neugierig sie früh mit Medien umgehen, dann wird klar: Medienbildung in der Kindertageseinrichtung *kann* früh beginnen und an die Alltagserfahrungen und das Vorwissen von Kindern anknüpfen und sie *sollte* früh beginnen und Kinder von Anfang an darin stärken, sich in einer komplexen Medienwelt zurechtzufinden. Denn es führt nicht weiter, Kinder generell vor ‚den Medien' zu behüten oder sogar ihren Gebrauch zu verbieten."
(Fthenakis, 2009, S. 12)

Medienbildung stellt damit neben den anderen Bildungsbereichen einen zwar nicht mehr ganz neuen, aber immer noch zu wenig geförderten Bereich frühkindlicher Bildung dar. Als Schlüsselqualifikation, die in der heutigen Wissensgesellschaft dringend benötigt wird, darf sie jedoch nicht vernachlässigt werden.

„Das übergeordnete Ziel, die Bildungsvision, dieser Bildungsaktivitäten ist *das medienkompetente Kind.*"
(Fthenakis, 2009, S. 12)

Mit dem Begriff der Medienkompetenz hat sich der Erziehungswissenschaftler und Medienpädagoge Dieter Baacke ausführlich auseinander gesetzt. Dabei geht er von Folgendem aus:

„Medienkompetenz ist […] eine Teilmenge der ‚kommunikativen Kompetenz' und wendet sich insbesondere dem elektronisch-technischen Umgang mit Medien aller Art zu, die heute in komplexer Vielfalt zur Verfügung stehen und deren Nutzung ebenfalls gelernt, geübt und gefordert werden muss. […] *Medienkompetenz* ist damit eine Aufgabe lebenslangen Lernens, da die Kommunikationstechnologie sich ständig verändert, so dass immer neu gelernt werden muss, mit neuen Geräten und den in ihnen entwickelten Entwicklungsmöglichkeiten und Handlungschancen umzugehen."
(Baacke, 1998, gekürzt)

Für Baacke besteht die zu entwickelnde Medienkompetenz jedoch nicht aus der reinen Nutzung von Medien aller Art zur Kommunikation. Er hat eine Einteilung gefunden, welche es ermöglicht, alle Teilbereiche des Umgangs mit Medien einzuschließen.

Unterteilung der Medienkompetenz nach Dieter Baacke

Baacke selbst definiert die einzelnen Unterpunkte wie folgt:

- **Medienkritik**
[…] Zum einen (a) hat Medienkritik eine *analytische* Unterdimension. Problematische gesellschaftliche Prozesse, etwa Konzentrationsbewegungen, sollten angemessen erfasst werden können. Ebenso sollte ‚analytisch' das Wissen vorhanden sein, dass sich private Programme weitgehend durch Werbung finanzieren und dies ohne Zweifel Konsequenzen für Programminhalte und Programmstrukturen hat. ‚Analytisch' bedeutet also, ein Hintergrundwissen zu besitzen, das Medienentwicklungen nicht kritiklos hinnimmt, sondern unterscheidend anwendet, um die eigene Medienkompetenz angemessen einsetzen zu können.

Die (b) *reflexive* Unterdimension zielt auf den Gedanken, dass jeder Mensch sein analytisches und sonstiges Wissen auf sich selbst und sein persönliches Handeln beziehen und anwenden können muss. Wir neigen gerade im Medienbereich schnell dazu, über ‚die anderen' zu reden und uns selbst außen vor zu lassen. Schon vor vielen Jahren beispielsweise verdeutlichten Untersuchungen, dass BILD-Zeitungleser - weil das Lesen der „BILD-Zeitung" keinen guten Ruf hatte - angaben, es „nur zum Spaß" oder nur „nebenbei" zu betreiben.

Analytische und reflexive Fähigkeit umfassen schließlich als dritte Unterdimension (c) ethisches Betroffen sein, das analytisches Denken und reflexiven Rückbezug als sozialverantwortet abstimmt und definiert.

- **Medienkunde**

Hier ist das 'pure' Wissen über heutige Medien und Mediensysteme gemeint. Dies kann in zwei Unterdimensionen ausdifferenziert werden:

(a) Die *informative* Unterdimension umfasst klassische Wissensbestände (etwa: Was ist ein duales Rundfunksystem? Wie arbeiten Journalisten? Welche Programmgenres gibt es? Nach welchen Grundsätzen wähle ich meine Programmvorlieben aus? Wie kann ich einen Computer für meine Zwecke effektiv nutzen?)

(b) Die *instrumentell-qualifikatorische* Unterdimension meint ergänzend die Fähigkeit, die neuen Geräte auch bedienen zu können, dazu gehört etwa das Sich-Einarbeiten in die Handhabung einer Computer-Software, das Sich-Einloggen-Können in ein Netz, die Bedienung des Videorecorders und vieles mehr.

- **Mediennutzung**

Auch diese kann in doppelter Weise ausdifferenziert werden:

(a) Es gibt eine *rezeptiv-anwendende* Unterdimension (Programm-Nutzungskompetenz). Auch Fernsehen ist eine Tätigkeit, weil das Gesehene verarbeitet werden muss und oft in das Bildungs- und Bilderrepertoire eingeht. Nicht nur das Lesen von Texten, auch das Sehen von Filmen fordert heute Rezeptionskompetenz.

Hinzu kommt als zweite Unterdimension (b) der Bereich des *auffordernden Anbietens, des interaktiven Handelns:* vom Telebanking bis zum Teleshopping oder zum Telediskurs; vom Fotografieren bis zum Erstellen eines Videofilms in der Gruppe gibt es heute eine Vielzahl von Handlungsmöglichkeiten, nicht nur rezeptiv-wahrnehmend die Welt zu erfahren, sondern auch interaktiv tätig zu sein.

- **Mediengestaltung**

Hiermit ist gemeint, dass Medien sich ständig verändern, dies aber nicht nur in technischer Hinsicht (die neuen Welten von Cyberspace), sondern auch inhaltlich, indem die Software die Möglichkeit bietet, neue Inhalte gestaltend einzubringen etc. Auch hier gibt es zwei Unterdimensionen:

(a) die *innovative* (Veränderungen, Weiterentwicklung des Mediensystems innerhalb der angelegten Logik) und

(b) die *kreative* (Betonung ästhetischer Varianten, das Über-die-Grenzen-der-Kommunikationsroutine-Gehen, neue Gestaltungs- und Thematisierungsdimensionen).

Hier kommt auch der Gedanke der Partizipationskompetenz zum Tragen: Wollen wir die so vielfach ausdifferenzierte Medienkompetenz (Medienkritik, Medienkunde, Mediennutzung,

Mediengestaltung) nicht subjektiv-individualistisch verkürzen, müssten wir ein Gestaltungsziel auf überindividueller, eher gesellschaftlicher Ebene anvisieren, nämlich den Diskurs der Informationsgesellschaft. Ein solcher Diskurs würde alle wirtschaftlichen, technischen, sozialen, kulturellen, ethischen und ästhetischen Probleme umfassen, um so die *Medienkompetenz* weiter zu entwickeln und integrativ auf das gesellschaftliche Leben zu beziehen."
(Baacke, 1998, gekürzt und verändert)

Ausgehend von den vier beschriebenen Dimensionen wird deutlich, welche Anforderungen sowohl an den Medienpädagogen, der Medienkompetenz bei seinem Zögling entwickeln möchte, als auch an die Kinder, Jugendlichen und Erwachsenen, welche mit Medien umgehen, unbewusst gestellt werden.

Um zumindest den Medien- bzw. Sozialpädagogen auf diesem Weg ein wenig zur Seite zu stehen, wurde das vorliegende Buch konzipiert.

Von den vielfältigen medialen Ausdrucksmöglichkeiten wurden vier Bereiche ausgewählt, in Form von Projekten mit sozialpädagogischen Fachkräften in Ausbildung erprobt und mit ihren theoretischen und technischen Grundlagen sowie Hinweisen zur Umsetzung beschrieben:
- Das Fotoprojekt,
- die Filmanalyse,
- der Kurzfilm und
- das (Kinder-)Buch.

Mithilfe dieser Projekte kann zumindest ein Einarbeiten in die Dimensionen der Medienkunde, Mediennutzung und Mediengestaltung erfolgen. Da die Dimension der Medienkritik ein erhöhtes Maß an Reflexion erfordert, wird sie, zumindest bei der Arbeit mit Kindern, nur am Rande eine Rolle spielen können.

Projektmanagement

Projekte als methodische Großformen dienen der umfassenden theoretischen und praktischen Auseinandersetzung mit einer gewählten Thematik. Aufgrund ihrer starken Handlungsorientierung bieten sie sich sowohl in der sozialpädagogischen Praxis als auch im medienbezogenen lernfeldorientierten Unterricht geradezu an, um Kinder, Jugendliche bzw. Schüler über einen längeren Zeitraum für ein Thema zu begeistern.

Folgende generelle Punkte sollten bei der Entscheidung für die Projektarbeit im Vorfeld Beachtung finden: Aus organisatorischen Gründen sollte als Sozialform die Kleingruppenarbeit gewählt werden, d.h. maximal drei Schüler bzw. Kinder oder Jugendliche arbeiten gemeinsam. Bei größeren Gruppen kann das Projekt zwar in kürzerer Zeit bewältigt werden, aber damit verringern sich der Eigenanteil des Einzelnen und der Lerneffekt. Bei der Projektauswahl sollte in der sozialpädagogischen Praxis eine genaue Beobachtung der Themen und Situationen der Kinder und Jugendlichen vorausgehen und auf eine ganzheitliche Bearbeitung der Thematik aus verschiedenen Gesichtspunkten geachtet werden. So lassen sich die umfassende Auseinandersetzung der Zielgruppe mit den Inhalten und damit ein multiperspektivisches Lernen erzielen. Für den Unterricht sollte bei der Projektauswahl ein lernfeldübergreifendes Arbeiten in Betracht gezogen werden, z. B. um mögliche fachliche Inhalte durch die Umsetzung in ein Medium zu vertiefen, zu veranschaulichen und miteinander zu verknüpfen. Zudem können mehrere Lehrkräfte parallel an der praktischen Umsetzung des Projektes arbeiten, damit den zeitlichen Rahmen verkürzen und theoretische Inhalte des eigenen Unterrichtes passend zum Thema vermitteln. Es ist ratsam die Projekte und Themenvorschläge der Schüler durch einen entsprechenden beruflichen Bezug, evtl. auch zu kooperierenden Einrichtungen der sozialpädagogischen Praxis, zu binden. Durch die damit angestrebte Außenwirkung entsteht ein zusätzlicher Anreiz, die Arbeit qualitativ gut zu machen. Dasselbe gilt für Projektergebnisse der sozialpädagogischen Praxis. Als wesentlicher Bestandteil der Öffentlichkeitsarbeit einer Einrichtung tragen sie zum positiven Image und damit zur gezielten Werbung für die Institution bei. Außerdem ist sie Ausdruck der Wertschätzung der geschaffenen Ergebnisse der Kinder und Jugendlichen.

Projekte im Unterricht können sowohl als Abschlussarbeit zu einem Medium oder Programm als auch als Jahresabschlussarbeit im Fach Medien gestaltet werden. Als abschließende Anwendung und Übung in einem Medienbereich fallen sie eher kleiner und kürzer aus und geben dem Lehrenden die Möglichkeit, die erbrachten Schülerleistungen untereinander zu vergleichen. Zudem kann der Themenkreis stark eingeschränkt werden durch entsprechende Vorgaben über das Ziel, den möglichen Verwendungszweck, die Altersspezifik der Zielgruppe etc. Bei der Jahresabschlussarbeit kommt den Schülern die Wahlmöglichkeit zwischen verschiedenen Medien und Programmen sehr entgegen, da sich jeder nach Interesse und Begabung entscheiden kann.

Projektplanung

Obwohl das Projekt den Schülern ein Ausprobieren verschiedener Programme, den Umgang mit unterschiedlichen technischen Mitteln und eine kreative mediale Gestaltung ermöglichen soll, benötigt es doch eine Struktur, die Projektplanung. Wie diese im Einzelnen aussehen soll, hängt sowohl von der Zielstellung des Projekts als auch vom gewählten Medium ab. In den einzelnen Kapiteln werden die entsprechenden Details zur Projektplanung beispielhaft beschrieben, einige Grundlagen sind jedoch zu beachten.

In der nachfolgenden Tabelle wird ein möglicher Projektablauf von der Planung bis zum Abschluss skizziert.

Phase 1: Vorüberlegung und Planung	Phase 2: Beginn des eigentlichen Projekts	Phase 3: Projektdurchführung	Phase 4: Projektpräsentation
Ganzheitliches Projektmanagement • Projektidee • Von der Projektidee zum konkreten Projekt **Zielerklärung** (Teilnahme an einem Wettbewerb, Anwendung von Wissen, Dokumentation im Rahmen von Öffentlichkeitsarbeit) **Projektskizze** (1) Für welches Medium entscheiden wir uns? (2) Sind die Ideen umsetzbar (Zeit, Stand der Technik)? (3) Ressourcenplanung (Was brauchen wir, was haben wir zur Verfügung?)	**Projektstart** **Projektplan/ Konzept schreiben mit** • Aktions-/ Zeitplan • Rollen- und Aufgabenverteilung • Ressourcenplanung (Wer organisiert zusätzliche Ressourcen, wie werden die vorhandenen Ressourcen verteilt?)	**Projektarbeit** • anhand des Projektplanes Abarbeiten der einzelnen Aufgaben • permanente Ergebniskontrolle und Zwischenspeichern • Probleme erkennen und lösen • Zwischenergebnisse zusammenfügen • Projektdokumentation	**Evaluierung und Bewertung/** • Notengebung • Erfolge würdigen **Präsentation** des Projektes in der Klasse, evt. weitere Verwendung zur Öffentlichkeitsarbeit, Einsendung zum Wettbewerb
Übergang zu Phase 2: Formulierung des Projekts durch die Schüler	**Übergang zu Phase 3:** Projektfreigabe durch den Unterrichtenden	**Übergang zu Phase 4:** Projektabnahme durch den Unterrichtenden	**Weiterführende Fragestellungen,** z. B. als Phase 1 eines Folgeprojektes

Übersicht zum Verlauf von Projekten im Fach Medienarbeit

Projektbewertung

Sowohl im Lernfeld der kulturell-kreativen Kompetenzen als auch im Wahlpflichtfach Medienarbeit kommt der Lehrer nicht umhin, seinen Schülern Noten zu erteilen. Gerade in der Projektarbeit gestaltet es sich durch die Verschränkung von Theorie und Praxis schwierig, nach objektiven Kriterien zu benoten. Aufgrund des geringen Stundenmaßes und des relativ hohen Zeitaufwandes für ein Projekt ist es allerdings notwendig, die Leistungen zu beurteilen und zu bewerten. Einen ersten Ansatzpunkt bietet dabei das Konzept bzw. die Projektplanung. Am Ende der zweiten Projektphase, wenn die Thematik von der Lehrkraft zur Bearbeitung frei gegeben wurde, können die Schüler ihre schriftliche Projektplanung abgeben und erhalten darauf eine Note. Die Kriterien für das Konzept werden vom Lehrer vorher festgelegt und den Schülerinnen bekannt gegeben.

Beispiele für mögliche Bewertungskriterien können sein:

- äußere Form und Gestaltung (geheftete Ausgabe, am PC geschrieben, bebildert, mit kleinen Skizzen etc.),
- inhaltliche Vollständigkeit inklusive Deckblatt und Gliederung, Quellennachweis,
- inhaltliche Folgerichtigkeit,
- realistische Einschätzung des Zeitplans, der Ressourcen und der Aufgabenverteilung,
- Originalität der Idee und
- Orthografie, Grammatik, Ausdruck.

Eine zweite Note kann und sollte auf die praktische Umsetzung des Projektes gegeben werden. Hierbei kann die Lehrkraft für sich entscheiden, ob sie während der Projektarbeit den Workflow der Schüler kontrolliert, bewertet und in die Endnote Projekt einfließen lässt oder diesen als eigenständige dritte Note und damit quasi als praktische Leistungskontrolle in einem bestimmten Medium oder Programm nutzt.

Folgende Kriterien können für die Beurteilung des Workflows genutzt werden:

- Wie häufig muss der Schüler beim Lehrer oder den Mitschülern ihm bekannte Arbeitsschritte nachfragen?
- Wie viele Klicks benötigt der Schüler um in einem Programm zum gewünschten Ziel zu kommen?
- Arbeitet der Schüler kontinuierlich an seiner Aufgabe oder ist er leicht ablenkbar?
- Arbeitet der Schüler entsprechend des Projekt-, Zeit- und Aufgabenplanes?
- Wie flexibel reagiert der Schüler auf notwendige Veränderungen im Ablauf, z. B. durch erkrankte Projektteilnehmer?

Mögliche Kriterien für die abschließende Bewertung des Projektes können sein:

- Konnte das Projekt in der vorgeschriebenen Zeit beendet werden?
- Stimmen Projektziel und -ergebnis überein?
- Wie ist der Gesamteindruck des entstandenen Projektes?
- Wie sauber wurde bei der Umsetzung gearbeitet (programm- bzw. medienspezifische Bewertung)?

- Existieren offensichtliche Mängel in der Umsetzung, z. B. Schnittfehler, falsche Speicherformate, Druckfehler etc. (programm- bzw. medienspezifische Bewertung)?

- Wie ist die Präsentation des Projektes zu bewerten?

Problematisch bei der Bewertung des gesamten Projektes ist der Aspekt der Gruppenleistung. Arbeiten mehrere Schüler gemeinsam an einem Thema, besteht wie bei jeder Gruppenarbeit die Gefahr, dass weniger medienerfahrene und –interessierte Schüler sich auf Kosten der versierten und interessierten Schüler ausruhen und davon profitieren. Durch die Bewertung des selbstständigen Arbeitens kann man dieses Problem ein wenig entschärfen und erhält ein realistischeres Bild vom praktischen Können der einzelnen Schüler.

1   Fotoprojekt

Seit jeher versuchen die Menschen, für sie besondere Momente festzuhalten. Durch das Erschaffen von Gemälden oder Skulpturen war dies schon in der Vergangenheit möglich. Die Technik des Fotografierens bzw. Filmens bietet gegenwärtig eine Vielzahl an gestalterischen Möglichkeiten zur Verwirklichung dieses Ziels. Einfache Digitalkameras mit guten Automatikfunktionen können selbst von Kindern im Alter von drei Jahren bedient werden. Durch die stetige Weiterentwicklung des Fotoapparates ist es heute jedem möglich, schnell und unkompliziert Fotos zu schießen. Doch nicht nur das aufgenommene Motiv macht ein Foto aus. Wie in der Malerei auch sollte man die „Handschrift des Künstlers" beachten. So spielen z. B. Bildausschnitt, Kameraperspektive und Fokussierung eine wesentliche Rolle bei der Gestaltung der Fotos. Das eigentliche Fotografieren, die Motivwahl und das Weiterverarbeiten der Fotos machen das Arbeiten mit Fotoapparat und Digitalkamera zu einem medialen und kreativen Prozess für jede Altersgruppe.

1.1 Zielstellung

Fotoapparate bzw. Digitalkameras üben schon von jeher eine Faszination auf Kinder, Jugendliche und Erwachsene aus. Durch die Möglichkeit, aufgenommene Bilder direkt am Display der Digitalkamera zu betrachten, ist es auch den Kleinsten möglich, sich schnell mit dem Gerät vertraut zu machen. Wenn auch die genaue Funktionsweise dieses Mediums noch nicht durchschaut wird, so erkennen selbst Kinder im Krippenalter schon die Verbindung zwischen Kamera, Motiv und fertigem Foto. Jedes Kind hat seine eigene Sichtweise auf die Dinge des Alltags. Mithilfe einer Digitalkamera kann es diese festhalten und anderen Personen präsentieren. Nachträgliches Diskutieren über die entstandenen Fotos ist ein wichtiger Aspekt im Hinblick auf die soziale und kommunikative Bildung. Die Tatsache, dass fast jede Einrichtung bzw. fast jeder Haushalt im Besitz einer Digitalkamera ist, macht die Fotografie zum optimalen Einstiegsmedium und bietet, je nach Anwendung, die Möglichkeit alle Bildungsbereiche zu fördern. Im Folgenden sind anhand der Bildungsbereiche des Sächsischen Bildungsplanes mögliche Zielstellungen aufgelistet, welche man mit Kindern mit der Fotografie erreichen kann. Abhängig von Alter und gewählter Thematik sind diese Ziele entsprechend zu formulieren.

Bildungsbereiche	Zielstellungen
Somatische Bildung	• Die Kinder betrachten Motive auf Fotografien oder durch den Sucher der Kamera und urteilen, ob diese ihnen gefallen, Interesse wecken oder Unbehagen bei ihnen auslösen. • Sie üben sich in der Handhabung einer Kamera.
Soziale Bildung	• Die Kinder arbeiten gemeinsam am Fotoprojekt. • Sie üben sich in demokratischen Prozessen zur Entscheidungsfindung bei der Themenwahl. • Sie trainieren den Umgang mit Erfolg und Misserfolg sowie den Einsatz von Lob und Kritik auf sachlicher Ebene. • Sie lernen andere Perspektiven als Bereicherung der eigenen Sichtweise kennen und schätzen.
Kommunikative Bildung	• Die Kinder üben sich in der Einhaltung von Gesprächsregeln bei den Teambesprechungen und der Auswertung der Fotografien. • Sie trainieren ihre Aussprache bei der Präsentation ihrer Ergebnisse. • Sie erweitern ihren Wortschatz und trainieren Grammatik sowie Ausdruck. • Sie erforschen die Ausdrucksfähigkeit von Mimik und Gestik und deren Wirkung auf Fotos.
Ästhetische Bildung	• Die Kinder lernen gestalterische Mittel kennen, z. B. den Goldenen Schnitt. • Sie üben sich im Erfassen geeigneter Motive und Bildausschnitte. • Sie erweitern ihr Gefühl für Farb- und Formgestaltung. • Sie werden sich der emotionalen Wirksamkeit von Bildern bewusst. • Sie üben sich im Erkennen von Wirklichkeit und inszenierter Realität.
Mathematische Bildung	• Die Kinder entwickeln ihr Raumgefühl weiter. • Sie verfeinern ihr Gefühl für Proportionen.
Naturwissenschaftliche Bildung	• Die Kinder lernen Blende und Schärfe als wichtige fotografische Grundlagen kennen. • Sie experimentieren mit verschiedenen Blenden und Schärfeeinstellungen. • Sie lernen die unterschiedliche Wirkung von Licht und Schatten sowie Farben in der Fotografie kennen.

1.2 Theoretische und technische Grundlagen

Für das Fotoprojekt benötigen Sie folgendes:
- eine gute Idee und ein wenig Zeit,
- einen Fotoapparat bzw. Digitalkamera und
- einen Computer.

1.2.1 Analog- und Digitalfotografie

Falls man ein Fotoprojekt realisieren oder einfach bloß gute Fotos erzielen möchte, steht man heute zwangsweigerlich vor der Frage: digitale oder analoge Fotografie? Die Wahl der richtigen Fototechnik hängt von den verschiedensten Faktoren ab. So spielen z. B. Kosten, Archivierung, Alter der Projektteilnehmer u. Ä. eine wichtige Rolle für die Beantwortung dieser Frage. Im Folgenden werden Vor- und Nachteile der beiden Systeme beschrieben.

Analogfotografie

Der Hauptgrund dafür, dass die Analogfotografie immer mehr in den Hintergrund rückt und vom Hauptteil der Hobbyfotografen gemieden wird, ist wahrscheinlich die Bequemlichkeit. Bis man die eigentlichen Fotos in den Händen hält bzw. betrachten kann, ist es ein langer Weg. Zusätzlich müssen bei guten analogen Kameras häufig Blende und Fokussierung manuell geregelt werden, was für Anfänger meist nicht ganz einfach ist. Hat man dann die Fotos entwickeln lassen, kann es doch hin und wieder vorkommen, dass ein Bild nicht scharf genug, zu hell oder zu dunkel ist. Die stark begrenzte Anzahl an Bildern, die nicht vorhandene Möglichkeit Bilder an der Kamera sofort zu betrachten oder zu löschen und die häufig umständliche Bedienung sind weitere Nachteile der Analogfotografie. Neben den vielen Schwachpunkten bietet sie aber auch einige Vorteile. Fotografische Grundlagen sind bei dieser ursprünglichen Form der Fotografie sehr gut vermittelbar. Die begrenzte Anzahl von Bildern, welche zur Verfügung steht, kann gerade bei der Projektarbeit mit Kindern ein weiterer Vorteil sein. Werden hierfür z. B. sog. analoge Einwegkameras

Analoge Spiegelreflexkamera

genutzt, müssen die Kinder von Anfang an mit der knapp begrenzten Fotoanzahl haushalten. Ein unkontrolliertes, unüberlegtes Knipsen kann somit relativ gut unterbunden werden. Ein weiterer Vorteil kann die Archivierung sein. Das Negativ eines geschossenen Fotos ist weitaus länger haltbar als ein digitales Foto, welches auf einer CD abgespeichert wurde. Viele Profis fotografieren immer noch mit analoger Fototechnik, da die Bildqualität ihrer Meinung nach wesentlich besser als bei der Digitalfotografie ist.

Digitalfotografie

Unkompliziertes Fotografieren, direkte Kontrolle der Fotos, Nachbearbeitung der Bilder am PC und direktes Ausdrucken der Bilder am heimischen Drucker sind einige Vorteile, welche die Digitalfotografie bietet. Immer größer dimensionierte Speicherkarten erlauben die Aufnahme einer Vielzahl an Fotos, das häufige Wechseln von Filmen wie in der Analogfotografie entfällt somit. Immer größer wurde auch die Anzahl der

Digitale Spiegelreflex- und kleinere Digitalkamera

Pixel der verschiedenen Digitalkameramodelle in den letzten Jahren. Hartnäckig hält sich folgendes Gerücht: Je mehr eine Kamera an Pixel zur Verfügung hat, je größer also ihre Auflösung ist, desto bessere Bilder schießt die Kamera. Nur für den Druck gilt, je mehr Megapixel, desto größer und somit schärfer kann ein Foto gedruckt werden. Bei der Wahl einer geeigneten Digitalkamera für den Normalgebrauch sollte man auf die Qualität des Objektivs achten, da dieses ausschlaggebend für die Bildqualität ist.

Aufgabe

Beschäftigen Sie sich ausführlich mit der Ihnen zur Verfügung stehenden Digitalkamera. Testen Sie verschiedene Automatikprogramme und manuelle Einstellmöglichkeiten.

1.2.2 Automatischer oder manueller Modus

Fast alle Digitalkameras verfügen über einen Automatikmodus und häufig finden sich auch verschiedene Automatikprogramme hinsichtlich Belichtung, Makroaufnahmen usw. an den Bedienelementen der Kamera wieder. Ist die Kamera auf Automatik eingestellt, werden vom Gerät die besten Werte hinsichtlich Belichtung, Fokussierung etc. selbst geregelt. Gerade bei der Arbeit mit kleinen Kindern ist dieser Modus vorzuziehen, da ein umständliches manuelles Einstellen an der Kamera entfällt. Für Perso-

Eine Aufnahme des Uhus ist hier nur im manuellen Modus möglich. Der Automatikmodus würde das im Vordergrund befindliche Gitter scharf stellen.

nen, welche bereits Erfahrungen mit der Digitalfotografie haben oder sich näher mit dieser beschäftigen wollen, empfiehlt sich allerdings das Fotografieren im manuellen Modus. Der Benutzer hat hier alle Möglichkeiten eigene Einstellungen an der Kamera vorzunehmen. So ist es z. B. möglich, ein Motiv besonders dunkel oder unscharf aufzunehmen und ihm damit einen ganz eigenen Charakter zu verleihen. Zudem werden Fehleinstellungen des Automatik-Modus vermieden.

Aufgabe

Nehmen Sie mithilfe der manuellen Fokussierung Bilder absichtlich unscharf auf. Die Kinder bzw. Schüler erraten später beim Betrachten am PC oder Fernseher, welche Motive zu erkennen sind.

1.2.3 Bildaufbau

Eine wichtige Frage, welche man sich immer vor dem Abdrücken des Auslösers stellen sollte, lautet: Was will ich fotografieren? Soll z. B. eine Blume fotografiert werden, dann sollte auch wirklich nur die Blume auf dem fertigen Foto zu sehen sein. Häufig versucht man soviel wie möglich auf ein Bild zu bekommen. Diese Vorgehensweise kann vom eigentlichen Objekt ablenken und den Hintergrund bzw. die Umgebung unnütz in den Vordergrund stellen.

Durch die Wahl des Bildausschnitts und die Erzeugung von Tiefenschärfe rückt die Umgebung bei dieser analogen Aufnahme in den Hintergrund.

Der goldene Schnitt

Dieses in der Bildgestaltung häufig angewandte Proportionsgesetz wird in Bezug auf die Fotografie auch häufig als Drittel-Regel bezeichnet. Es dient dazu den Bildausschnitt interessant und harmonisch erscheinen zu lassen. Die meisten Menschen wenden den goldenen Schnitt intuitiv an. Der eigentliche Faktor von 1:1,6 wird in der Drittel-Regel vereinfacht. So kann man jedes beliebige Bild sowohl horizontal als auch vertikal in drei Teile aufteilen. Der Ausschnitt des Bildes kann nun so gewählt werden, dass markante Linien, welche im Bild vorkommen, wie etwa der Horizont, an die Drittel-Linien angrenzen.

Horizontale Anwendung der Drittel-Regel

Wichtig ist immer darauf zu achten, welche Bildinhalte überwiegen sollen. So ist es z. B. im oben gezeigten Bild auch möglich, die Landschaft zwei Drittel des Bildes einnehmen zu lassen und den Himmel nur ein Drittel. In diesem Falle würde mehr Gewicht auf die Landschaft gelegt, die Weite des Bildes ginge dadurch allerdings verloren und es entstünde eine komplett neue Bildaussage.

Vertikale und horizontale Anwendung der Drittel-Regel

Es gibt viele Varianten der Drittel-Regel bzw. des goldenen Schnitts, sie ist sowohl horizontal, vertikal als auch diagonal möglich. Durch häufiges Experimentieren bekommt man ein Auge für die Proportionen der Drittel-Regel. Häufig finden sich in den Kameraoptionen Raster, welche entsprechend dieser Regelung aufgeteilt sind, wieder. Zur Unterstützung können diese während des Fotografierens eingeblendet werden. So gehören langweilige, statische Bilder, bei denen das Hauptmotiv permanent in der Mitte des Bildes zu sehen ist, der Vergangenheit an.

Aufgabe

Fotografieren Sie verschiedene Objekte mithilfe der Drittel-Regel. Wiederholen Sie den Vorgang ohne Beachten dieses Proportionsgesetzes. Vergleichen Sie die Fotos im Anschluss.

Sind Personen oder Tiere im Bild zu sehen, bietet es sich an, zwei Drittel des Bildes Raum entsprechend der Blickrichtung zu lassen. Bei Portraits oder Großaufnahmen sollte eine gedachte Linie entlang der Augen stets auf einer Drittel-Linie legen. Nicht immer muss mithilfe der Drittel-Regel oder des goldenen Schnitts fotografiert werden. Wenn Bilder besonders symmetrisch wirken, kann es sich auch anbieten Objekte oder Personen genau mittig zu platzieren.

Weitere Variante der Drittel-Regel

Aufgabe

Fotografieren Sie Detailaufnahmen bzw. Bildausschnitte, z. B. innerhalb eines Gruppenzimmers. Anschließend lassen Sie Ihre Mitschülerinnen erraten, was zu sehen ist.

1.3 Altersspezifik

Kinder im Alter von null bis drei Jahren

Schon Kinder im Kleinkindalter sind fasziniert von Fotoapparaten und Fotos, möchten die Kamera auch gern selbst in der Hand halten und bedienen. Doch nicht nur aufgrund der Faszination, auch aus entwicklungspsychologischer Sicht kann das Fotografieren als Einsteigermedium in den technischen Medienbereich gelten. Im Alter von 18 Monaten entwickelt sich beim Kind die Fähigkeit, sich selbst im Spiegel zu erkennen, kurze Zeit später identifiziert es sich auf Fotos bzw. im Video. Ab ca. zwei Jahren erkennen die Kinder dann den Zusammenhang zwischen dem Blick durch den Sucher der Kamera und dem Entstehen einer Fotografie. Am ehesten ist dies für sie an einer Digitalkamera nachvollziehbar, denn bei dieser Variante können sie das Ergebnis gleich auf dem kameraeigenen Display oder am PC ansehen. Ab dem vollendeten zweiten Lebensjahr können Kinder also projektbezogen beginnen sich mit der Thematik Fotografie zu beschäftigen.

Kinder im Alter von drei bis sechs Jahren

Ein Fotoprojekt lässt sich mit Kindern dieser Altersgruppe sehr gut beginnen, wie das Beispiel „Es tut sich was…" (siehe Kapitel 1.4) zeigt. Kinder dieser Altersgruppe entwickeln ein Gefühl für ihre eigene Geschichte und die der Personen ihrer Umgebung. Fotos aus den Kindertagen der Eltern, aber auch die eigenen Babyfotos werden interessant und die Kinder können erkennen, dass sie selbst abgebildet sind bzw. ihre Eltern auch mal Kinder waren. Hinzu kommt ein stärkeres technisches Interesse am Medium, z. B. zu der Frage, wie das Bild in die Kamera kommt. Außerdem wählen Kinder dieser Altersstufe schon bewusst Motive aus, die ihrer Erfahrungswelt entstammen, die sie mögen bzw. die sie interessieren.

Das Grundschulalter (sieben bis zehn Jahre)

Die Entwicklung der Wahrnehmung ist in Bezug auf die Fotografie weitestgehend abgeschlossen. Sowohl die visuelle als auch Körper-, Raum- und Objektwahrnehmung sind so gut ausgeprägt, dass Kinder dieser Altersstufe mit verschiedenen Perspektiven umgehen und experimentieren können. Im Bereich der Feinmotorik erfolgt im Zuge des Schreibenlernens eine Erweiterung der Fertigkeiten bezüglich der Auge-Hand- sowie der Hand-Hand-Koordination. Auch die Anforderungen von Bildbearbeitungsprogrammen am PC können durch den kognitiven Entwicklungsstand des konkret-operationalen Denkens nach Piaget bewältigt werden.

„Auf dieser Stufe kann sich das Kind nun in Gedanken auch wechselseitige Beziehungen von Gegenständen oder Sachverhalten vorstellen. Diese Vorstellung ist unabhängig von seiner Wahrnehmung."

(Hobmair, Psychologie, 2008, S. 268)

Für den Umgang mit dem PC bedeutet das, dass das Kind sich vorstellen kann, was passiert, wenn es verschiedene Werkzeuge auf ein Foto anwendet.

Ältere Kinder und Jugendliche (ab elf Jahren)

In dieser Altersgruppe besteht bei Interesse am Medium Fotografie ein großes technisches Verständnis, zudem sind Wahrnehmung und kognitive Entwicklung soweit vorangeschritten, dass von den Kindern bzw. Jugendlichen eine bewusste Wahl an Motiven getroffen wird, die nicht nur der eigenen Erfahrungswelt entsprechen. Es entstehen Bildkompositionen, die eine bestimmte Aussage beabsichtigen. Fotografie kann deshalb in dieser Altersgruppe eine künstlerische oder auch sozialkritische Komponente bekommen.

Aufgrund der reflexiven Fähigkeiten kann mit Jugendlichen auch über den Aspekt von Wirklichkeit und Abbildung der Wirklichkeit im Foto philosophiert werden. „Ist der von mir selbst gewählte Ausschnitt, der auf dem Bild zu sehen ist und dessen Abbildungszeitpunkt ich bestimmt habe, tatsächlich Realität oder meine ganz persönliche Sicht auf mein Umfeld, also meine individuelle Version der Wirklichkeit?"

Der kognitive Entwicklungsstand der logischen Operationen nach Piaget ermöglicht den Jugendlichen eine Erweiterung ihrer Kenntnisse und Fähigkeiten bei der Bildbearbeitung am Rechner. Sie können im Voraus planen, wie das veränderte Bild am Ende aussehen soll und diesen Plan mittels Software umsetzen.

1.4   Projektbeispiel „Es tut sich was..."

Bei dem hier vorgestellten Praxisbeispiel handelt es sich um ein Kooperationsprojekt zwischen der GFZK FÜR DICH Leipzig und dem Kindergarten Alte Straße in Leipzig. Die GFZK FÜR DICH ist der Bereich für Kunstvermittlung in der „Galerie für Zeitgenössische Kunst Leipzig". Ausgehend von der Ausstellung OHIO von Joachim Brohm 2007/2008 in der GfZK haben Kinder der Kindertagesstätte Alte Straße, Leipzig gemeinsam mit den Erzieherinnen und den Kunstvermittlerinnen der GfZK die Veränderungen von Orten im Umfeld des Kindergartens beobachtet und über den Zeitraum von November 2007 bis April 2008 fotografisch und zeichnerisch festgehalten.

Projektidee

Angelehnt an die damals aktuelle Ausstellung von Joachim Brohm OHIO in der GfZK haben die Kinder gemeinsam mit den Erzieherinnen und den Kunstvermittlerinnen die Veränderungen von Orten im Stadtviertel bzw. im näheren Umfeld des Kindergartens wahrgenommen, beobachtet und über einen längeren Zeitraum fotografisch und zeichnerisch festgehalten.

Anfangs sollten sich die Kinder auf einen Streifzug begeben, um im Umfeld des Kindergartens geeignete Orte für das Vorhaben zu finden. Die Kinder sollten sich schließlich auf bestimmte Plätze festlegen, deren Entwicklung sie für einen längeren Zeitraum verfolgen würden. In regelmäßigen Abständen sollten diese Orte besucht werden. Von Mal zu Mal konnten Veränderungen festgestellt und mithilfe von Fotokarton- Sucher, Kamera und Zeichenmaterial festgehalten werden. Bestandsaufnahmen und detaillierte Beschreibungen waren ein Teil des Projekts. Der wesentliche Bestandteil war die Auseinandersetzung mit dem Medium Fotografie.

- Wie funktioniert ein Fotoapparat?

- Was/Wie/Wo kann man fotografieren?

- Wo sind die Unterschiede desselben Motivs im Vergleich zum letzten Besuch?

- Schnappschuss oder komponiertes Bild – welche Rolle spielt der Bildausschnitt?

- Welche Veränderungen könnten von den Kindern beobachtet und dokumentiert werden hinsichtlich naturbedingter Veränderungen wie der Jahreszeit (z. B. Farben, Pflanzen, Laub; Tiere, Spuren von Tieren); Tageszeit (z. B. Licht, Stimmung etc.) und im Hinblick auf Menschen, die Spuren hinterlassen haben wie z. B. Graffiti, Plakate, Müll, Fundstücke; parkende Autos; Baustellen, Brachflächen etc. ?

(vgl. GfZK FÜR DICH, 2007, S. 1)

Konzept/Projektplanung

Die Projektplanung wurde gemeinsam von den Kunstvermittlerinnen der GfZK und den Erzieherinnen der Kindertagesstätte Alte Straße vorgenommen. Nachfolgend ist der Zeitplan vom Projektbeginn bis zur Eröffnung der Ausstellung dargestellt.

7./8. November 2007, 9 bis 11 Uhr

In der GfZK: Eine Kindergruppe lernt die Ausstellung von Joachim Brohm und dessen künstlerische Arbeitsweise kennen.

Zwischenzeitlich im Kindergarten: Die zweite Gruppe begibt sich, in zwei Untergruppen geteilt, mit ihren Erzieherinnen auf die Suche nach geeigneten Orten, deren Veränderungen festgehalten werden sollen und wählt dazu zwei Himmelsrichtungen.

Am zweiten Tag erfolgt der Wechsel der Kindergruppen zwischen GfZK und Kindergarten. Auch die zweite Kindergruppe teilt sich in zwei Untergruppen und begibt sich in die beiden verbliebenen Himmelsrichtungen zur Motivsuche.

4./5. Dezember 2007, 9 bis 11 Uhr

Im Kindergarten mit den GfZK-Kunstvermittlerinnen:

- Anleitung zum Fotoapparat und zum Fotografieren, unter Berücksichtigung der Erfahrungen der Kinder im Umgang mit Fotografie (ca. 30 min.)

- Aufsuchen der ausgewählten Orte in kleinen Gruppen, intensives Wahrnehmen des Weges (ca. 45 min.)

- Erstellen eines großen Plans anhand der Erinnerung/Notizen/Skizzen, in den jede Gruppe ihre Erkundungen einträgt (ca. 45 min.)

- Material: große Papierbahn (ca. 2x2m), Stifte

15./16. Januar, 4./5. März, 8./9. April 2008, jeweils 9 bis 11 Uhr

Im Kindergarten mit den GfZK- Kunstvermittlerinnen:

Aufsuchen der Orte, die Kinder fotografieren, das entsprechende Datum wird in ein eigens dafür angelegtes Fototagebuch notiert (Datum, Ort, Person).

6./7. Mai 2008, 9 bis 11 Uhr

In der GfZK: Ausstellungsvorbereitung (Auswahl, Sichtung der entstandenen Fotografien).

17./18. Juni 2008, 9 bis 11 Uhr

In der GfZK: Ausstellungsaufbau (Kuration, Planung der Eröffnung).

27. Juni 2008, 16 Uhr

Ausstellungseröffnung in der GALERIE FÜR DICH.

Einblick in die Ausstellung: die entstandenen Kunstwerke der Kinder.

Ablauf

Der Ablauf des Projekts wird hier exemplarisch anhand von vier Treffen der GfZK-Kunst-vermittlerinnen mit den Kindern und Erzieherinnen geschildert. Die Grundlage dafür bilden die von der GfZK zur Verfügung gestellten Protokolle zur Auswertung des Projekts.

Protokoll vom ersten Treffen am 7. November 2007: Besuch der ersten Kindergruppe in der Ausstellung OHIO von Joachim Brohm

Der Altersgruppe angemessen, wurde ein Programm konzipiert, welches den Kindern auf spielerisch-assoziative Weise das Thema Fotografie näher bringen soll. Zu Beginn erfolgt ein Gespräch über das Fotografieren. Durch gezielte Fragestellungen zum Thema, z. B. was ein Foto ist bzw. wie es entsteht, werden die Kinder gedanklich auf den Besuch der Ausstellung von Joachim Brohm vorbereitet. Bevor dieser jedoch stattfinden kann, werden gemeinsam mit den Kindern Regeln für den Besuch in einer Galerie bzw. einem Museum erarbeitet.

Im Anschluss gehen alle gemeinsam in den AREAL-Raum um das Spiel „Suchen und Finden" zu spielen. Dafür stellen sich alle Kinder vor die Wand in einer Reihe auf, auf dem Fußboden wird eine Linie gezogen. Die Kinder sollen die entsprechenden Bilder zur Vorgabe finden, z. B. „Finde das Bild mit dem gelben Auto!" oder „Finde das Bild mit dem Schnee!" usw. Die Kinder sollen sich vor das gesuchte Bild stellen. Dann sollen sie sich selbst überlegen, was die anderen finden sollen. Schließlich wird die Frage nach dem Bild, wo nichts drauf ist, gestellt.

Im Anschluss versammeln sich alle auf dem Boden in einem Kreis zu einer ersten Auswertungsrunde. Danach gehen alle gemeinsam zur Station FAHREN und schauen sich dort um. Mithilfe weiterer gezielter Fragen zu den Motiven und der möglichen Aufnahmesituation des Fotografen sowie einem Überleitungsspiel, bei dem die Kinder den Auto fahrenden und dabei fotografierenden Künstler nachahmen, werden die Kinder zur Thematik ihres eigenen Projektes geführt: der Weg zum bzw. die Umgebung des Kindergartens. In einer Gesprächsrunde wird ermittelt, wie die Kinder ihren Weg zum Kindergarten wahrnehmen. Die meisten Kinder erinnern sich an Ampeln, Verkehrsschilder, manche an Baustellen, ein Junge sieht den Rücken seiner Mutter.

Anschließend erhalten die Kinder Blätter und Stifte um ihren Weg zum Kindergarten und die Objekte bzw. Situationen, die sich immer an diesem Weg befinden, aufzuzeichnen. Nachdem sie fertig gezeichnet haben, werden die einzelnen Bilder hoch gehalten und die Kinder erklären, was sie dort gezeichnet haben. Der Abschluss erfolgt wiederum im Kreis. Die Kinder und ihre Erzieherinnen werden mit dem Ausblick, dass das GfZK-Team beim nächsten Mal in den Kindergarten kommt und die Kinder dann selbst fotografieren können, verabschiedet.

Protokoll vom Treffen am 4. Dezember 2007: Besuch des GfZK-Teams im Kindergarten bei der ersten Kindergruppe

Was in der Zwischenzeit geschah: die Kindergartengruppen haben sich auf die Suche nach geeigneten Orten in der Nähe des Kindergartens begeben, bereits Fotos gemacht und ausgedruckt.

In einem Begrüßungskreis werden die Kinder nach den Erinnerungen an den Besuch in der Galerie gefragt. Anschließend werden sie mittels einer Übung, die das Auge der jungen Fotografen schulen soll, spielerisch an das eigentliche Fotografieren herangeführt. Die Kinder bekommen Rahmen aus Pappen, durch welche sie hindurch sehen, einen Ausschnitt auswählen und im Anschluss das Gesehene aufzeichnen sollen. Das Zeichnen erfolgt im Kreativraum. Im Anschluss gehen alle nach draußen. Jedes Kind bekommt eine Einwegkamera. Das jeweils erste Foto machen alle gemeinsam. Es wird festgelegt, dass von nun an jedes Kind vier Fotos machen darf. Jeder darf fotografieren, was ihm bei diesem Spaziergang gefällt. Zusätzlich soll jeweils ein Kind mit der Digitalkamera der Erzieherin ein Foto von dem ausgewählten Platz machen.

Der Spaziergang beginnt. Die Erzieherin zeigt zuerst allen ein Foto von einer Werbetafel, zu der es nun den Weg zu finden gilt. Die Gruppe läuft zur Karl-Heine-Straße, wo die Tafel steht. Das Foto wird mit der Realität verglichen und Veränderungen bemerkt: keine Blätter auf den Bäumen, ein anderes Plakat, andere Autos etc. Es gibt aber auch ein Auto zu entdecken, das hier immer oder schon wieder steht.

Die nächste Station ist eine Litfaßsäule auf der Erich-Zeigner-Allee: was hat sich hier verändert? Die Kinder sind hoch motiviert, z. B. versammeln sich vier Jungen um ein Auto und alle fotografieren. Der Unterschied besteht dabei in den Details der Motivwahl: das Innere des Autos, die Radkappen, die Stoßstange.

Passanten werden aufgehalten, sollen stehen bleiben, damit sie fotografiert werden können, auch ein Mann und sein großer alter Hund an der Leine. Als nächstes wird eine Wiese mit einem Zaun davor und einer rosafarbenen Hauswand gesucht. Auf

Ein immer wiederkehrendes Motiv bei nahezu jedem Spaziergang.

der Wiese und an der Straße hat sich nicht viel verändert, abgesehen vom Jahreszeitenwechsel und anderen Autos. Vor der Hausfassade steht nun ein Gerüst. Auf dem Foto vom letzten Spaziergang war noch keine weiße Plane an der Fassade, die Wand sah auch noch ganz anders aus, sie wurde saniert. Einige Männer teeren einen Gehweg. Nebenan ist eine große Baustelle, hier wurde ein Haus abgerissen. Die Bauarbeiter sind damit beschäftigt, den Schutt wegzuräumen. Die Gruppe geht weiter und dreht sich um. Hier wurde das letzte Foto aufgenommen: links und rechts sind Häuser, in der Mitte die Straße, die Alte Straße. Doch ein Haus fehlt, es wurde abgerissen.

Zurück im Kindergarten werden vier Leinwände für eine große Arbeitsfläche von 2x2m miteinander verschraubt, welche im Treppenhaus bearbeitet werden soll. Hierzu benutzen die Kinder Jaxon-Kreiden. Sie sollen sich an den Spaziergang und somit auch an den Weg und die einzelnen Stationen erinnern. In gemeinschaftlicher Arbeit soll jedes Kind dazu beitragen, dass am Ende eine große Landkarte von der Umgebung des Kindergartens entsteht. Angedacht ist, dass die zweite Kindergartengruppe die Wand mit ihren

Skizzen und Zeichnungen ergänzt. Die Kinder zeichnen ganz unterschiedliche Motive wie Sonne, Nikolaus und verschlungene Wege. Der Kindergarten befindet sich im Zentrum des Bildes. Beim nächsten Besuch im Januar sollen auch Fotos in das Wandbild integriert werden.

Bei der Gestaltung der Umgebungskarte. Valentin: „Ich habe auf der Leinwand die Wege gezeigt, wo es zum Kindergarten geht."

Protokoll vom Besuch des GfZK-Teams im Kindergarten am 15.01.2008

Was in der Zwischenzeit geschah: die Fotos, die von den Kindern mit der Digitalkamera gemacht wurden, sind ausgedruckt und am großen Wandbild im Treppenhaus angebracht worden.

Zu Beginn treffen sich alle draußen vor dem Kindergarten und die Einwegkameras werden verteilt. Beide Kindergartengruppen gehen gemeinsam ihre jeweiligen Wege ab. Zuerst zeigt Gruppe 1 den anderen den Weg. Die Kinder sollen sich an den Weg und die bereits besuchten Orte und Objekte erinnern.

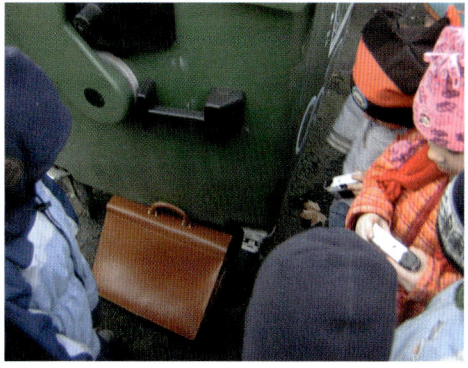

Ein spannender Fund: die Aktentasche.

Zusammen werden Veränderungen und Ähnlichkeiten bemerkt, es wurden z. B. Werbeplakate ausgewechselt, die Sonne scheint im Gegensatz zum letzten Mal, aber das grüne Auto steht noch immer hier. Ein Junge entdeckt eine Aktentasche. Das ganze Interesse gilt diesem Fundstück: Wem gehört(e) die Tasche? Befindet sich darin ein Schatz? Der Junge nimmt die Tasche mit und ist sehr stolz über seinen Fund.

Zurück am Kindergarten gehen alle gemeinsam den Weg der Gruppe 2. Einige der Kinder entdecken eine Katze in einem Fenster. Vorbei an einer Sammelstelle für Weihnachtsbäume geht es weiter zum Kanal, wo die Enten und eine Baustelle beobachtet werden können. Auf dem Weg dorthin fotografiert ein Kind das Werbeschild einer Eisdiele. Die Konzentration der Kinder lässt schließlich allmählich nach, da die Gruppen schon fast zwei Stunden unterwegs sind. Da entdecken die Kinder mehrere Heißluftballons am Himmel. Am Kindergarten angekommen, verabschieden sich die Mitarbeiterinnen der GfZK von den Kindern und den Erzieherinnen.

Protokoll vom Besuch des GfZK-Teams im Kindergarten am 16.01.2008

Beim Treffen im Kreativraum sind ca. 18 Kinder der Gruppe 2 anwesend. Nach der Begrüßung werden diese in zwei Gruppen aufgeteilt. Die erste Gruppe geht in das Büro der Leiterin, wo sie sich die Fotos vom Spaziergang am Tag zuvor auf dem PC anschaut. Die Kinder sind aufmerksam, teilweise erkennen sie die Fotos, die sie selbst gemacht haben, wieder. Dazu werden sie gefragt, ob sie sich noch an die eine oder andere Stelle und eventuelle Details erinnern können. Nachdem alle Fotos intensiv betrachtet und besprochen wurden, bekommen die Kinder die Aufgabe sich ein oder mehrere Objekte, welche sie während des Spaziergangs aufgefunden haben, auszusuchen und zu zeichnen. Dabei soll sich jedes Kind eine Geschichte zu dem Objekt ausdenken. Noch im Büro der Leiterin erzählt jedes der Kinder, was es im Anschluss zeichnen will und welche Idee es für die Geschichte hat. Im Kreativzimmer verteilt dann eine Mitarbeiterin der GfZK postkartengroße Zeichenblätter an die Kinder und betont, dass man sich beim Zeichnen genau überlegen soll, was auf das Blatt soll. Voller Tatendrang beginnen die Kinder mit Buntstiften die Blätter zu bearbeiten.

Während die erste Gruppe zeichnet, geht die zweite Hälfte, die bereits in der Zwischenzeit auf DIN-A4-Blättern die Baustellen gezeichnet haben, ins Büro der Leiterin. Auch diese Gruppe betrachtet aufmerksam die Fotos. Zu einzelnen Orten und Objekten besteht Redebedarf, z. B. zum Totenkopf-Graffiti an der Mauer eines unbewohnten Hauses. Manche Kinder kennen dieses Graffiti. „Meine Mama und ich nennen es das Geisterhaus!" sagt Annabell, ohne dabei den Eindruck zu machen, dass sie dabei Angst verspüren würde. Andere Kinder assoziieren damit sofort etwas Bedrohliches.

Bei dem Foto vom Weihnachtsbaumhaufen erzählt Karlotta auf die Frage, wie der Haufen denn entstanden sei, von einem Dinosaurier, der krank ist und als Medizin die Nadeln des Weihnachtsbaums auffrisst und dann wieder gesund wird. Im Anschluss zeichnet sie die Geschichte.

Bei der anschließenden Sichtung der entstandenen Zeichnungen lässt sich erkennen, dass das häufigste Motiv die Heißluftballons sind. Der giftgrüne Motorroller und das grüne Auto wurden ebenfalls häufig gewählt. Drei Zeichnungen befassen sich mit den unterschiedlichen Stadien im Leben eines Weihnachtsbaums. Weitere Motive waren u. a. ein Hund und die Enten am Karl-Heine-Kanal.

Die Dokumentation des Projektes durch die Kinder

Im Kindergarten wurde von jedem Kind ein Bilderrahmen mit selbst gewählten Fotos gestaltet, kommentiert und im Treppenhaus aufgehängt. Die Fotos stammen aus dem gesamten Projektzeitraum und geben einen Überblick von allem, was passiert ist. So entstand von jedem Kind eine eigene Dokumentation von „Es tut sich was…".

Projektdokumentation im Treppenhaus des Kindergartens.

Folgende Kommentare wurden von den Kindern zum Projekt allgemein und beim Betrachten der eigenen Fotos abgegeben.

- Benjamin: „Das bin ich. Ich schaue Fotos an und auf dem Bild habe ich gemalt."

- Anna: „Wir sind am Eisladen lang gelaufen und an einer Baustelle. Dort haben wir Fotos gemacht."

- Bailey: „Wir waren mit dem Fotoapparat knipsen und dann haben wir die Fotos aussortiert, die uns gefallen."

- Charlotte: „Wir haben beim Spazieren Fotoapparate mit gehabt und waren an Baustellen gucken. Die haben wir fotografiert. Und auf einer Brücke bei den Enten waren wir auch."

- Marcus: „Wir haben in der Galerie Bilder angeschaut. Wir waren Spazieren und Fotos machen. Die Besten haben wir angeschaut und aufgeklebt."

- Karlotta: „Im Kreativraum habe ich ein Bild gemalt, was wir in der Galerie gemacht haben. Und in der Galerie haben wir auch gemalt. Und auf einer Brücke haben wir gestanden und fotografiert."

- Fabian: „In der Galerie haben wir Bilder angeschaut. Ich habe hier ein Haus gemalt. Und auf einem Bild stehe ich am Kindergarten. Das ist das große Haus."

- Philipp: „Mir gefällt mein Bild gut, weil ich dort was aufklebe, man sieht das alte Haus. Ich zeige Simone den Weg, da, mit dem Finger, da wo die Rolltafel steht, wo das immer weg ist. Ich mag Straßenbahnen, die sind meine Freunde, auch die Hänger. Das Haus haben die Arbeiter gut gemacht, das sieht jetzt schön aus. Die Baustelle gefällt mir wegen dem Bagger. Ich will auch mal Baggerfahrer lernen."

- Mara: „Die Weidenkätzchen waren weich und schön kuschelig und dann waren sie weg. Das haben die Arbeiter abgesägt. Vivien und ich waren traurig."

- Oskar: „Ich finde die Fotos schön, weil sie schön aussehen und weil ich nur da drauf war. Auf dem Foto sind die zwei lieben Frauen aus dem Museum. Die Bilder sind lustig und das Fotografieren hat mir Spaß gemacht. Ich konnte das ganz allein machen und wir waren ganz oft fotografieren."

1.5 Lernfeldübergreifendes Arbeiten und Themenwahl

Das Projekt Fotografie findet sich in den sozialpädagogischen Ausbildungsrichtungen im Bereich der kulturell-kreativen Kompetenzen und dem gezielten Arbeiten mit Medien wieder.

Da jedes Bundesland seine eigenen Lehrpläne erarbeitet hat, sei auf die entsprechenden Lehrpläne des Freistaates Sachsen verwiesen, da diese den beschriebenen Projekten zugrunde liegen. Siehe:

- Lehrplan für die Fachschule. Fachbereich Sozialwesen, Fachrichtung Sozialpädagogik-Erzieher/Erzieherin des Freistaates Sachsen. August 2008. Lernfeld 5;

- Lehrplan für die Fachschule. Fachbereich Sozialwesen, Fachrichtung Heilerziehungspflege- Heilerziehungspfleger/Heilerziehungspflegerin des Freistaates Sachsen. August 2008. Lernfeld 5;

- Lehrpläne für die Berufsfachschule. Berufsfachschule für Sozialwesen, Staatlich geprüfter Sozialassistent des Freistaates Sachsen. August 2005. Lernfeld 7

Unterricht in Lernfeldern heißt u.a. auch einmal über den Tellerrand hinauszuschauen und Inhalte oder Projekte mit anderen Lernfeldern gemeinsam zu gestalten. Wie kann dies im Bereich der Fotografie umgesetzt werden?

Zum einen kann ein Thema des Lernfeldunterrichts nach der theoretischen Bearbeitung handlungsorientiert umgesetzt und in einer fotografischen Dokumentation ergebnisorientiert und anschaulich festgehalten werden. Das medienspezifische Lernfeld liefert an dieser Stelle das theoretische und technische Fachwissen zur professionellen Ausgestaltung, andere Lernfelder steuern wiederum ihr Wissen zum Thema bei. Besonders für bildhafte Lerntypen eignet sich diese Form der Ergebnissicherung als Möglichkeit Unterrichtsinhalte zu festigen. Zudem erfordert die Suche nach geeigneten Motiven sowie die Zusammenstellung der Bildinhalte eine nochmalige intensive Auseinandersetzung mit der Thematik und dient damit der Wiederholung.

Das vorgestellte Projekt „Es tut sich was…" der Galerie für Zeitgenössische Kunst Leipzig kann als Beispiel für praxisnahen außerschulischen Unterricht dienen. Schüler der entsprechenden sozialpädagogischen Ausbildungsrichtungen erhalten von der Schule den Auftrag, einen Praxispartner mit der passenden Zielgruppe zu finden, welcher bereit ist sich auf dieses experimentelle Projekt einzulassen. Kinder und Schüler kennen sich vor Projektbeginn nicht, haben aber die Aufgabe gemeinsam das Medium Fotografie zu erkunden. Zur Einordnung in den Lehrplan kann diese Kooperation als Bestandteil des Lehrplanthemas „Unterstützung kindlicher Entwicklung in den Bildungsbereichen" aus dem Lernfeld „Bildungs- und Entwicklungsprozesse anregen und unterstützen" des sächsischen Lehrplans für die Erzieherausbildung gesehen werden. In diesem Lernfeld werden die theoretischen Grundlagen im Rahmen der Entwicklungspsychologie sowie der Umsetzung des Sächsischen Bildungsplanes gelegt. Das Lernfeld „Pädagogische Beziehungen gestalten und Gruppenprozesse begleiten" liefert das Hintergrundwissen zur altersgerechten Kommunikation als Grundlage einer erfolgreichen Beziehungsgestaltung. Im Lernfeld „Kulturell- kreative Kompetenzen weiterentwickeln und gezielt mit Medien arbeiten" haben mehrere Lehrplanthemen Anteil an der Umsetzung. Aus dem Bereich der „Sprachliche(n) Ausdrucksmöglichkeiten" findet „freies und zielgruppenorientiertes Sprechen zu verschiedensten Sachverhalten und in verschiedenen Situationen" statt. Die Schüler vermitteln auf diesem Wege den Kindern den Umgang mit der Kamera und werten die entstehenden Motive gemeinsam mit den Kindern aus. „Spielerische Ausdrucksmöglichkeiten" werden durch den didaktisch-methodischen Einsatz von Spielen zu Überleitungszwecken bzw. als Vorbereitung auf den Umgang mit dem Medium umgesetzt. Die Entstehung der Bilder wird durch den Bereich „Mediale Ausdrucksmöglichkeiten" unterstützt. Alle notwendigen Fachkenntnisse zum Umgang mit verschiedenen Kameratypen, Stativen sowie Blende und Schärfe werden hier vermittelt und angewendet.

1.6 Methodische Hinweise zur Umsetzung des Projekts in der sozialpädagogischen Praxis

1.6.1 Kinder im Alter von zwei bis drei Jahren

Für den Einstieg in das Medium Fotografie bietet sich für Kinder dieser Altersgruppe die Digitalkamera an. Aus entwicklungspsychologischen Gesichtspunkten ist dieser Einstieg allerdings erst ab dem dritten Lebensjahr zu empfehlen. Die Kinder sind in der Lage die Kamera sicher zu halten, die vom Erzieher für den Umgang mit der Technik festgelegten Regeln zu befolgen und die Ergebnisse ihrer „Knipserei" mit dem Vorgang des Fotografierens in Verbindung zu bringen. Dabei ist es weder notwendig noch aus Kostengründen durchführbar, dass jedes Kind eine eigene Kamera besitzt bzw. geliehen bekommt. Auch die heimische Kamera der Eltern muss für ein derartiges Vorhaben nicht herhalten. Es ist völlig ausreichend, wenn von der Kindereinrichtung eine kindgerechte Digitalkamera und ein PC zur Verfügung gestellt werden. Kindgerechte Kameras zeichnen sich durch ein robustes, wasser- und stoßfestes Gehäuse, die einfache Bedienung sowie zwei Suchfenster aus, die es den Kindern ermöglichen, das Motiv auszuwählen ohne ein Auge zukneifen zu müssen. Zudem sind Kinderkameras schon ab ca. 30 Euro erhältlich. Da die Kinder erst mit dem Medium bzw. der technischen Seite bekannt gemacht werden sollen, muss kein eigenständiges Projekt dazu erarbeitet werden. Das Fotografieren lässt sich leicht in den allgemeinen Tagesablauf einbauen. Eine kurze Einführung in die Technik zu den Punkten: „Wo muss ich durchschauen um mein Motiv aus zu wählen?" und „Wo muss ich drücken, damit das Motiv als Foto fest gehalten wird?", reicht dabei für Kinder dieses Alters völlig aus. Weitere Funktionen zu erklären ist nicht ratsam, da die Menüführung zur Einstellung für die Kinder zu schwierig ist und der Zusammenhang von Motiv und Foto im Vordergrund stehen sollte, nicht mögliche Effekte. Das projektunabhängige Arbeiten bietet außerdem den Vorteil, dass nicht alle Kinder gleichzeitig mit nur einer Kamera arbeiten, was mit Sicherheit zu Konflikten führen würde, und das Fotografieren für die Kinder zu einem Teil ihres Alltags wird, denn Medien sollten keinen Sonderstatus erhalten.

Folgende Regeln für den Umgang mit der Kamera sind denkbar:
- Es dürfen maximal zwei Kinder die Kamera gemeinsam ausleihen.
- Die Kamera dient zum Fotografieren, nicht als Spielobjekt.
- Mit der Kamera in der Hand bewegen wir uns langsam und rennen nicht.
- Wenn ein Kind nicht bei seiner Tätigkeit fotografiert werden möchte, akzeptiere ich das.
- Nur die vom Erzieher erklärten Knöpfe darf ich drücken.
- Die Kamera gebe ich an den Erzieher wieder ab.

Nach der Einführung in Regeln und Technik können die Kinder nach Herzenslust knipsen. Aufgrund der hohen Speicherkapazität der Digitalkameras spielt es keine Rolle, wie viele Bilder geschossen werden und von welcher Qualität diese sind. Die Kinder sollen erst einmal ein Gefühl für die Kamera und ihre Bedienung entwickeln. Für die jungen Fotografen ist natürlich besonders wichtig ihre Ergebnisse zeitnah anschauen zu können. Es empfiehlt sich eine Liste zu führen, in welcher das jeweilige Kind mit Datum und der entstandenen Bildreihe zu finden ist. So kann auch später beim Einspielen der Bilder in den PC noch nachvollzogen werden, von wem die Fotos gemacht wurden. Im Idealfall ist sofort nach der Benutzung der Kamera durch ein Kind Zeit, die Fotos von der Speicherkarte zu überspielen und gemeinsam mit dem Kind die Bilder auszuwerten. Das Kind kann an dieser Stelle erklären, was bzw. wen es fotografiert hat und warum, welche Details zu erkennen sind, ob ihm das Bild gefällt und warum etc. Auf diese Weise wird das Kind zum Sprechen über sein Werk angeregt, seine Wahrnehmung nochmals auf die Motive gelenkt und es erfährt Wertschätzung durch das Interesse, welches der Erzieher in dieser Situation nur ihm und seinen Bildern widmet. Werden die Bilder in einem extra Ordner abgespeichert, entsteht zusätzlich eine anschauliche Dokumentation über die Entwicklung des Kindes beim Umgang mit einem Fotoapparat. Die entstandenen Bilder lassen sich mit Sicherheit auch gut in das Gruppengeschehen einbauen, z. B. über eine Fotostrecke, die den Kindern den Tagesablauf mit allen Stationen verdeutlicht, oder einen Rahmen, in dem alle Gruppenmitglieder abgebildet sind, welcher beim Morgenkreis zur Integration neuer Kinder bzw. zur Verabschiedung älterer Kinder in den Kindergarten genutzt werden kann.

1.6.2 Kinder im Alter von drei bis sechs Jahren

Mit Kindern dieser Altersstufe kann ein Projekt zum Thema Fotografie in Angriff genommen werden. Unabhängig davon, welche thematische Eingrenzung vom Erzieher vorgenommen wird, an den Anfang gestellt werden sollte auf jeden Fall eine theoretische Einführung in die Fotografie. Über entsprechende Fachliteratur, die für Kinder dazu angeboten wird, lassen sich grundlegende Informationen kindgerecht und anschaulich vermitteln. Möglicherweise sind die Kinder auch schon von zu Hause aus mit einer Kamera in Berührung gekommen, durften evtl. selbst schon einmal fotografieren. Auf dieses Vorwissen sollte man in jedem Falle zurückgreifen, um sich einen Überblick über die Kenntnisse der Kinder zu verschaffen und diese in die Projektplanung einzubeziehen. Je nach Interesse und Ausdauer der Kinder sind Projektthemen in verschiedene Richtungen denkbar. Eine Möglichkeit bietet die gezielte Schulung der Wahrnehmung für ausgewählte Details, wie im vorgestellten Projekt „Es tut sich was…". Eine andere Möglichkeit ist die umfassende Bearbeitung der Thematik Foto mit allen Facetten, angefangen bei Perspektiven und Schärfeverlagerung bis hin zur vollständigen Entwicklung des eigenen analogen Fotos.

Im Kindergartenalter hat die Erzieherin die Wahl zwischen digitaler und analoger Technik. Bei der Arbeit mit analogen Apparaten kann jedes Kind eine eigene Kamera zum Knipsen erhalten, denn Einwegkameras sind im Internetversand kostengünstig schon ab 2 Euro ohne und ab 3 Euro mit Blitz erhältlich. Sie bieten ein Minimum an Funktionen, welche aber für die Kinder völlig ausreichend sind. Zudem erfahren die Kinder kleine technische Zusammenhänge, da sie z. B. den Film selbst bis zum nächsten Foto weitertransportieren müssen, ein Vorgang, der heute nur noch bei alten Fotoapparaten getätigt werden muss. Bei der Arbeit mit einer Digitalkamera erfahren die Kinder zwar weniger über technische Details, lernen allerdings die moderne Variante des Fotografierens und damit die zukünftige Technik besser kennen. Außerdem erhalten sie hier die Möglichkeit, Fotos gleich über das Display zu betrachten, auszuwerten, in den PC einzuspielen und sofort auszudrucken.

Damit stehen die Bilder zeitnah zur weiteren Verwendung bereit. Als einführende Übung mit der Digitalkamera können die Kinder sich gegenseitig im Portrait fotografieren. Die Bilder werden gleich in den PC überspielt und unter verschiedenen Gesichtspunkten ausgewertet, z. B. durch den Vergleich der Fotos ohne und mit Blitzeinwirkung, Schärfe, Kontraste etc. Im Anschluss dürfen die Kinder eigene Motive wählen und fotografieren, welche zur weiteren Bearbeitung genutzt werden.

Um die Kinder für die Wahl des Bildausschnittes zu sensibilisieren, können Fotosucher aus Pappe hergestellt werden. Durch diese kann die Umwelt beobachtet und können verschiedene Perspektiven ausprobiert werden. Als weiterführende Übung halten die Kinder anschließend gelungene Bildausschnitte zeichnerisch fest.

Wird die Anzahl der Fotos pro Projekttag für die Kinder eingeschränkt, kann die analoge Kamera bis zum Projektende gefüllt werden. Andererseits kann das Projekt auch nach der Entwicklung der Bilder weitergeführt werden, denn die entstandenen Fotos lassen sich auf verschiedenste Art und Weise verwenden. Die Kinder können z. B. ein Memory herstellen, dessen Karten zur längeren Haltbarkeit laminiert bzw. mit selbstklebender Buchfolie haltbar gemacht werden. Außerdem können die Bilder einen Ablauf oder eine Geschichte darstellen, welche in Form eines kleinen Buches immer wieder angeschaut, nacherzählt oder auch vorgelesen werden kann. Auch Sachinformationen zu einem bestimmten Thema lassen sich auf diese Weise veranschaulichen. Mithilfe eines Fototagebuchs lassen sich sowohl Datum, Uhrzeit und Name des Fotografen als auch Anlass bzw. Situation festhalten. Das entsprechende Foto sowie das bildliche und schriftliche Verzeichnen der zusätzlichen Projektaktivitäten bereichern diese Form der Dokumentation, welche jedes Kind am Projektende oder am Ende seiner Kindergartenzeit mit nach Hause nehmen kann.

Auch das Experimentieren mit Entwicklungsflüssigkeit, Fixierer oder Fotopapier birgt für die Kinder spannende Erkenntnisse. Wenn in der Einrichtung genügend Platz vorhanden ist, kann sogar eine kleine Dunkelkammer sowohl für die Experimente als auch die Entwicklung der eigenen Analogfotos eingerichtet werden. Anregungen dazu finden Sie sowohl in der Literatur als auch im Internet (siehe Kap. 1.7 Weiterführende Literatur). Dabei gilt es jedoch zu beachten, dass die Flüssigkeiten giftig bzw. ätzend sind, weshalb besondere Vorsicht im Umgang geboten ist.

Eine abschließende Ausstellung der Kinderfotografien in der Einrichtung ist für Kinder und Erzieher gleichermaßen ein Höhepunkt des Projekts. Dazu können die Kinder gemeinsam mit den Erziehern unter den vielen entstandenen Fotos diejenigen auswählen, die die Ergebnisse des Projektes sowie den Projektcharakter am besten verdeutlichen, nicht zu vergessen die Lieblingsfotos der Kinder. Passende Rahmen für die Präsentation müssen nicht gekauft, sondern können als Projektbestandteil selbst hergestellt werden, z. B. aus Tonkarton im DIN-A3- oder A2-Format. Die Kinder haben so die Möglichkeit, selbst die äußere Gestaltung für ihre Bilder zu wählen. Handelsübliche Rahmen, wenn in der Einrichtung vorhanden, können natürlich ebenso verwendet werden, verhindern aber das Einbringen der Kreativität und damit der persönlichen Note der kleinen Fotografen in die Ausstellung. Im Rahmen der Öffentlichkeitsarbeit können die Kinder an der Entscheidung, wer zur Ausstellung eingeladen werden soll und an der Gestaltung von Einladungen sowie Ausstellungsplakaten teilhaben. Um den vorangegangenen finanziellen Aufwand etwas auszugleichen, kann die Ausstellung von einem Verkauf der entstandenen Kunstwerke begleitet werden.

1.6.3 Das Grundschulalter (sieben bis zehn Jahre)

Bei der Arbeit mit Grundschülern im Fotobereich können Sie den methodischen Hinweisen zum Kindergartenkind folgen. Allerdings ist diese Altersgruppe aufgrund ihrer Entwicklung schon weitaus selbstständiger im Umgang mit der Technik und die Möglichkeiten zum Experimentieren erweitern sich. Z. B. kann ein Entwicklungslabor für Fotos besucht werden um sich den Entwicklungsprozess einmal von der technischen Seite her an zu schauen. Außerdem verfügt nahezu jedes Soziokulturelle Zentrum über eine Fotowerkstatt mit Entwicklerlabor, die für Kurse mit Kindern genutzt werden können. Dabei sollte das Fotoprojekt nicht unbedingt auf den Hort und damit die Freizeit beschränkt werden. Vor allem der Sachunterricht bietet sich hierfür an. Im „Lehrplan Grundschule Sachunterricht" des Freistaates Sachsen von 2004 finden sich in allen Klassenstufen methodische Hinweise zur Verwendung der Fotografie bei der

Erarbeitung der einzelnen Themen, z. B. bei „Begegnungen mit Pflanzen und Tieren" oder beim „Zusammen leben und lernen", aber auch im Thema „Medien – Informationsbeschaffung und -aufbereitung". Die entsprechenden Lehrpläne der übrigen Bundesländer dürften ähnliche Schwerpunkte gesetzt haben. (vgl. Sächsisches Staatsministerium für Kultus, 2004, S. 5-27)

Eine Kooperation von Schule und Freizeitbetreuung, sei es nun im Rahmen von Hort oder Ganztagsschule, bietet den Kindern sowohl mehr Zeit als auch mehr Entwicklungsspielraum für das Projekt. In die Planung sollten die Kinder, wie bei allen Projekten, auf jeden Fall einbezogen werden. So erfahren sie Verantwortung für das Gelingen und können das Ziel der Aktivität nach eigenem Interesse festlegen.

Im Bereich der Digitalfotografie können sich die Kinder dieser Altersstufe auch in der Bildbearbeitung am PC ausprobieren. Als spielerischer Einstieg bieten sich Programme an, mit deren Hilfe sich Gesichter entweder in vorgefertigte Motive und Masken einfügen oder zu Grimassen verzerren lassen. Für die Kinder ergibt sich hier jede Menge Spaß beim Verändern der Gesichtszüge und sie erarbeiten sich erste Grundlagen digitaler Bildbearbeitung. Das Einspielen der Fotos von der Kamera in den Computer sollte dabei anfangs unter Aufsicht eines Erziehers oder Lehrers passieren, bis die Kinder den Umgang mit der Hard- und Software sicher beherrschen.

1.6.4 Ältere Kinder und Jugendliche (ab elf Jahren)

Bei dieser Altersgruppe kann von differenzierten Erfahrungen mit der Fotografie ausgegangen werden. Auch wenn nicht jeder Jugendliche eine eigene Kamera besitzt, so verfügen bereits viele über ein Handy mit Kamerafunktion. Die Arbeit mit der Kamera ist eher eine Einzelarbeit, dennoch kann sie in eine Gruppenarbeit integriert werden, z. B. bei der Motivwahl und Auswertung um den Blick für weitere Perspektiven zu öffnen und gegenseitige Hilfestellung beim Umgang mit der Technik und in der Nachbearbeitung anzubieten. Für Projekte mit älteren Kindern und Jugendlichen bietet sich eine Kooperation mit den örtlichen soziokulturellen Zentren an. Z. B. könnte die Gruppe gemeinsam einen Fotokurs inklusive anschließender eigener Entwicklung der Bilder belegen. Eine besondere Form der Fotografie, welche gerade in diesem Alter interessant sein kann, ist die Lomografie. Bei dieser Stilrichtung überlässt der Fotograf die Motivwahl mehr oder weniger dem Zufall. Der Sucher der Kamera bleibt unbenutzt, denn das Foto wird sozusagen aus der Hüfte heraus geschossen.

Als Lomografien bezeichnete Fotos können mit jedem Fotoapparat erstellt werden. Das Besondere an ihnen sind die ungewöhnlichen Perspektiven, aus denen heraus die Motive dargestellt werden, sowie lange Belichtungszeiten von bis zu zwei Minuten. Dadurch können unscharfe und bunte Bilder entstehen, die dem fotografierten Objekt eine andere Bedeutung oder Detailansicht als üblich zukommen lassen.

Mithilfe der Lomo-Bilder kann Wahrnehmung neu geschult werden. Im Vergleich zu Klein- und Vorschulkindern ist die Wahrnehmung der älteren Kinder und Jugendlichen schon sehr auf Realitätsnähe geprägt. Durch die Lomografie wird der Blick auf die Wirklichkeit mittels ungewöhnlicher Perspektive wieder verändert und auf vielfältige Details gerichtet. Um dies den Jugendlichen bewusst zu machen, können Kleingruppen z. B. bekannte Orte aufsuchen oder Wege ablaufen und dabei lomografieren. Vor der Sichtung der entstandenen Bilder werden dann Erwartungen zu den Motiven formuliert und schriftlich festgehalten, z. B. welche Farben und Stimmungen an dem Platz vorherrschen, Gebäudetypen, Menschen etc. Diese Erfahrungen und Erinnerungen der Projektteilnehmer an den Ort oder Weg entstammen der alltäglichen Wahrnehmung und Gewöhnung. Beim anschließenden Vergleich mit den Lomografien ergeben sich evtl. ganz neue Sichtweisen, die nicht unbedingt mit den bisherigen Erinnerungen korrelieren müssen.

Eine weitere Möglichkeit, den Aussagegehalt von Situationen bzw. Fotos zu verändern, ist das Erstellen einer Fotostory. Da diese Form in nahezu allen Jugendzeitschriften verwendet wird, dürfte es ein leichtes sein die Projektteilnehmer dafür zu begeistern. Im Unterschied zur Lomografie muss hier jedoch eine Story geschrieben und eine Art Fotoplan erstellt werden, in dem sowohl für die Darsteller als auch die benötigten Hintergründe detaillierte Anweisungen stehen. Über die von den Jugendlichen gewählten Themen lassen sich zudem Rückschlüsse über die derzeitige Gefühlslage, Probleme, aber auch Interessen ziehen. Für den Erzieher in der Jugendarbeit bzw. den Lehrer sind dies Informationen von großem Wert, wenn er seine Klientel verstehen will.

Das Schreiben der Story obliegt jeder Gruppe für sich. Je nach Zielstellung und Ausgangssituation kann aber ein eingrenzendes Thema für alle festgelegt werden, z. B. bei der Umsetzung eines Unterrichtsthemas in eine Fotostory bzw. -dokumentation. Vor dem Schreiben der Geschichte sollten unbedingt gemeinsam die Regeln des Jugendschutzes geklärt werden, zu deren Einhaltung die Pädagogen per Gesetz und übertragener Aufsichtspflicht verpflichtet sind. Auch vor, während und nach der fotografischen Umsetzung sollte die Einhaltung noch einmal überprüft werden. Dies dient nicht nur dem Schutz der Jugendlichen, sondern fungiert auch als Prävention in Form von Sensibilisierung, da die Regeln gemeinsam erstellt und ihre Notwendigkeit diskutiert wird. Während des Fotografierens ist eine wechselnde Aufgabenteilung von Vorteil. So kann und muss jeder Teilnehmer alle Bereiche von der Requisite über das Schauspielern bis zur technischen Umsetzung ausprobieren. Es empfiehlt sich die einzelnen Szenen aus unterschiedlichen Perspektiven zu fotografieren und bei der Bildauswahl im Nachhinein die beste auszusuchen. Bei der Arbeit mit einer Digitalkamera können die Bilder gleich in den PC eingespielt und im Bildbearbeitungsprogramm mit dem zugehörigen Text versehen sowie am Ende ausgedruckt werden. Auf analogem Weg ist ein Nachbearbeiten der Fotos bezüglich Helligkeit, Kontrast und Schärfe nicht ohne Aufwand möglich. Für das Hinzufügen der Sprech- und Gedankenblasen muss außerdem sauber mit Schere und Kleber gearbeitet werden.

Auch in dieser Altersgruppe bedeutet eine abschließende Ausstellung eine Wertschätzung der geleisteten Arbeit und des Engagements der Kinder und Jugendlichen. Die Verantwortung für Planung und Umsetzung kann größtenteils den Projektteilnehmern übertragen werden. Der begleitende Pädagoge unterstützt bei Fragen der Organisation, der Materialbeschaffung, Kooperationsmöglichkeiten und Finanzierung.

1.7 Weiterführende Literatur

Fotografieren mit Kindern und Jugendlichen

- Ludwig, G. und Beaumont, E.: Wissen mit Pfiff. Fotografie. Was Kinder erfahren und verstehen wollen. Fleurus Verlag 2004. (Nur noch über das Antiquariat erhältlich)

- Schäffer, F.: Digitale Fotografie für Kids. Mit CD- Rom. MITP-Verlag, 2. Auflage, 2010.

- Nischke, M.: Knipsen ist ein Riesenspaß. Mit eigenen Bildern die Welt entdecken. Augustus Verlag, 1995.

- Beurer, M.: Was ist was? Bd. 63, Fotografie. Tessloff Wissen, 2006.

- Reuter, O. M.: Mobile Bilder. Kinder und Jugendliche fotografieren und filmen mit dem Handy. Kopäd Verlag, 2009.

- Holzbrecher, H. und Schmolling, J.: Imaging: Digitale Fotografie in Schule und Jugendarbeit. VS- Verlag, 2004.

- Anfang, G., Demmler, K. und Lutz, K.: Mit Kamera, Maus und Mikro: Medienarbeit mit Kindern. Kopäd Verlag, 2. überarb. u. erw. Auflage, 2005.

- Molnar, K.-M.: Am Anfang war das Bild. Medienerziehung im Kindergarten z. B. der Aktiven Fotoarbeit. Ibidem Verlag, 2007.

Fotografie für Erwachsene

- Hedgecoe, J.: Die neue große Fotoschule. Dorling Kindersley Verlag, 2010. (Unveränderte Auflage, 2008)

- Hedgecoe, J.: Einfach fotografieren: Von der Motivauswahl bis zum perfekten Bild. Dorling Kindersley Verlag, 2005, Aktualis. Neuausgabe.

- Striewisch, T.: Der große humboldt Fotolehrgang: Von der Aufnahme zum fertigen Bild. Alles über Kamera und Zubehör. Digitale Bildbearbeitung. Verlag humboldt/ Schluetersche, 6., aktualisierte Auflage, 2008.

- Einrichten einer Dunkelkammer:
  wwwat.kodak.com/global/de/consumer/pictureTaking/filmDeveloping/dkroomDsgn/
    dkroomDsgnContents.shtml

- Experimente:
  www.kids-and-science.de/experimente-fuer-kinder/detailansicht/datum/2009/08/
    11/prismen-als-vorsatzlinsen-fuer-den-fotoapparat.html
  www.chemieunterricht.de/dc2/foto/experim.htm
  www.generationinnovation.at/fileadmin/document_browser/scripts/frontend/
    download.php?file=65

2 Projekt Filmanalyse

Seit der Erfindung des Films wird dieses Medium vom breiten Publikum wahrgenommen und dank der Entwicklung der Technik nicht mehr nur im Kino, wie in den Anfängen der Filmgeschichte, sondern auch vom heimischen Sofa aus intensiv genutzt. Der Durchschnittsbürger sieht zwischen drei und vier Stunden pro Tag fern, täglich werden Filme auf allen Kanälen gesendet. Auch filmtechnisch ist ein immenser Fortschritt zu verzeichnen, vom Schwarz-Weiß-Film ohne Ton hin zu aufwendigen computergenerierten Animationsfilmen in 3-D, bei denen Schauspieler überflüssig geworden sind. Trotz der Fülle an Filmen auf dem Markt aus allen Genres und für fast jedes Alter sollten diese nicht nur zur Berieselung und als Freizeitbeschäftigung dienen. Hinter jedem Film steckt eine Idee und es soll eine Aussage getroffen werden. Um diese zu erkennen bzw. zu hinterfragen, ist es nötig, sich detailliert mit dem Film auseinanderzusetzen.

2.1 Zielstellung

Durch die Selbstverständlichkeit, mit der selbst die Kleinsten mit dem Medium Film aufwachsen und umgehen, ist es enorm wichtig dieses Medium kritisch zu betrachten. Gesehene Sendungen und Filme zu analysieren und zu reflektieren ist ein wichtiger Bestandteil der Medienerziehung und fördert einen selbstbewussten, selbstbestimmten Umgang mit diesem Medium. Das Erkennen von Wirklichkeit und inszenierter Realität im Film oder in Sendungen ist hier von besonders großer Bedeutung. Die Art und Weise einer Filmanalyse ist je nach Altersgruppen unterschiedlich. So kann im Kindergartenalter das gemeinsame Ansehen einer Sendung und die darauf folgende kleine Gesprächsrunde, in der alle aufkommenden Fragen der Kinder beantwortet werden, genauso als Filmanalyse betrachtet werden wie die ausführliche Analyse eines Spielfilms mittels Filmprotokoll im Jugend- und Erwachsenenbereich. Im Folgenden sind anhand der Bildungsbereiche des Sächsischen Bildungsplanes mögliche Zielstellungen aufgelistet, welche man mit Kindern bei der Analyse eines Filmes erreichen kann. Abhängig von Alter und gewählter Thematik sind diese Ziele entsprechend zu formulieren.

Bildungsbereiche	Zielstellungen
Somatische Bildung	• Die Kinder erkennen filmische Themen und Figuren, die ihnen gefallen bzw. die Unbehagen bei ihnen auslösen.
	• Die Kinder erlernen den verantwortungsvollen Umgang mit dem Medium Film/Fernsehen und wählen bewusst Filme oder Sendungen aus, die Wohlbefinden bei ihnen auslösen bzw. die ihnen gefallen.
	• Das Betrachten von Filmen kann Interesse für bestimmte Themen erwecken und Wissen vermitteln bzw. erweitern.
Soziale Bildung	• Die Kinder arbeiten gemeinsam an der Analyse des Films.
	• Sie üben sich in demokratischen Prozessen zur Entscheidungsfindung.
	• Sie ergänzen sich in den einzelnen Abschnitten der Analyse und unterstützen sich gegenseitig.
	• Sie trainieren den Umgang mit Erfolg und Misserfolg sowie den Einsatz von sachlichem Lob und sachlicher Kritik.
Kommunikative Bildung	• Die Kinder üben sich in der Einhaltung von Gesprächsregeln bei den Teambesprechungen und der Diskussion der Analyseergebnisse.
	• Sie trainieren ihre Aussprache bei der Präsentation ihrer Ergebnisse.
	• Sie erweitern ihren Wortschatz und trainieren Grammatik sowie Ausdruck.
	• Sie erforschen die Ausdrucksfähigkeit von Mimik und Gestik sowie deren gemeinsame Wirkung mit Worten.
	• Sie erlernen das Formulieren konkreter Aussagen.
Ästhetische Bildung	• Die Kinder lernen gestalterische Mittel im Film kennen, z. B. den Goldenen Schnitt.
	• Sie üben sich im Erkennen von Schlüsselszenen und erfassen das Gesamtkonzept des zu analysierenden Films.
	• Sie erweitern ihr Gefühl für Farb- und Formgestaltung.
	• Sie werden sich der emotionalen Wirksamkeit von Bildern in Kombination mit Musik bewusst.
	• Sie üben sich im Erkennen von Wirklichkeit und inszenierter Realität.
Mathematische Bildung	• Die Kinder entwickeln ihr Zeitgefühl durch die Untergliederung des Filmes in Szenen weiter.
	• Sie verfeinern ihr Gefühl für Größenverhältnisse, z. B. durch verschiedene Einstellungsgrößen.

Bildungsbereiche	Zielstellungen
Naturwissen-schaftliche Bildung	• Die Kinder lernen verschiedene Effekte und Tricktechniken im Film kennen. • Sie ergründen und erkennen den Entstehungsprozess der verschiedenen Effekte und Tricktechniken. • Sie lernen die unterschiedliche Wirkung von Lichtsetzung kennen.

2.2 Theoretische und technische Grundlagen

Für das Projekt Filmanalyse benötigen Sie folgendes:
• Einen geeigneten Film,
• Stift und Papier und
• einen Fernseher mit Videorekorder oder DVD-Player, einen Beamer oder Computer.

Möchte man einen Film hinsichtlich verschiedener Gesichtspunkte analysieren, ist es von Vorteil Grundlagenwissen im theoretischen und technischen Bereich rund um das Thema Film zu erwerben. Hierzu sollen folgende Begrifflichkeiten geklärt werden:

Einstellung

Die Qualität der Einstellungen ist maßgeblich für das Gelingen eines Films verantwortlich. Hierbei spielen Dauer, Einstellungsgröße, Bildgestaltung, Licht und Farbgebung eine wichtige Rolle.

> *Definition*
> *Eine Einstellung ist die kleinste Einheit eines Filmes und wird häufig auch shot genannt. Sie ist ein zusammenhängendes Stück Film, welches nicht unterbrochen wird.*

> **Aufgabe**
>
> *Betrachten Sie einen beliebigen Filmausschnitt und erkennen Sie die einzelnen Einstellungen.*

Schnitt

Häufig auch Cut oder Feinschnitt genannt, dient der Schnitt dazu, dem Film den letzten Glanz zu verleihen. Erst durch den Feinschnitt ist es möglich, Fehler wie z. B. Bildsprünge zu beseitigen. Die Schnittfrequenz, d. h. die Anzahl der Schnitte innerhalb eines Films, ist ein wichtiges Gestaltungsmittel. Filmwerke aus der heutigen Zeit besitzen eine wesentlich höhere Schnittfrequenz als zu Anfangszeiten des Films. Typische Beispiele für hohe Schnittfrequenzen sind Actionfilme oder Musikvideos, im Gegensatz dazu weisen Dokumentationen meist eine niedrige Schnittfrequenz auf.

Filmschnitt früher (Sergej Eisenstein, 1920)

Aufgabe

Betrachten Sie eine schnell und eine langsam geschnittene Filmsequenz. Welche Wirkung haben diese beiden unterschiedlichen Schnittfrequenzen auf den Zuschauer?

Der normale, sogenannte harte Schnitt, welcher entsteht, wenn eine Einstellung endet und die zweite Einstellung beginnt, kann durch verschiedene stilistische Mittel verändert werden. So gibt es z. B. weiche Überblendungen, bei denen eine Einstellung langsam in die nächste übergeht oder Schwarz- bzw. Weißblenden, bei denen in die jeweilige Farbe überblendet wird. Mit Blenden können Ort- oder Zeitsprünge simuliert werden, es kann aber auch zum Nachdenken angeregt werden.

Beim Schnitt gibt es folgende Grundregeln zu beachten:

- Dem Zuschauer genügend Zeit geben. Die meisten Einstellungen in einem Film dauern ca. drei bis fünf Sekunden. Dies reicht dem Zuschauer im Normalfall aus, den Inhalt des Bildes vollständig zu erfassen. Jede weitere Sekunde der gleichen Einstellung kann für den Betrachter langweilig wirken. Dies gilt allerdings nicht, wenn Kamerabewegungen, Bildbewegungen oder extrem viele Details vorhanden sind. Häufig werden längere Einstellungen auch als stilistisches Mittel verwendet.

- Bewegungen nicht unterbrechen. Sind also bewegte Objekte im Bild vorhanden und man möchte mittels Schnitt zu einer anderen Einstellungsgröße wechseln, sollte man die Bewegung immer in die neue Einstellung mit übernehmen.

- Dem Blick folgen. Wird eine Person frontal gezeigt, erwartet der Zuschauer bei der folgenden Einstellung ebenfalls zu sehen, wohin diese Person blickt. Die Blickrichtung der Person sollte also weitergeführt werden.

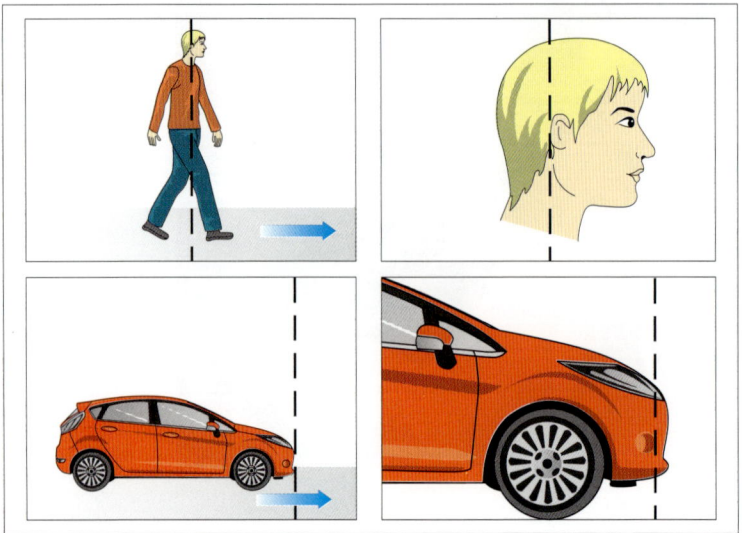

Bewegungen nicht unterbrechen

Einstellungsgrößen

Fast alle Filme orientieren sich an den klassischen Einstellungsgrößen. Einstellungsgrößen sind ein wichtiges bildgestalterisches Mittel und können den eigentlichen Aussagewunsch einer Einstellung wesentlich unterstreichen. Außerdem ist das Kombinieren und Wechseln der Einstellungsgrößen ein wichtiges stilistisches Mittel.

Supertotale

Sie gibt die größtmögliche Übersicht und verzichtet fast gänzlich auf Details. Durch diese Darstellung entwickelt der Betrachter ein Gefühl für die Umgebung bzw. den Ort.

Supertotale

Totale

Die Totale bildet das Hauptmotiv, z. B. eine Person oder Personengruppe sowie die Umgebung in voller Größe ab. Häufig wird diese Einstellungsgröße verwendet, um konkreter in den Ort einer Handlung einzuführen. Dabei wird auch häufig vom sog. Establishing-Shot gesprochen.

Totale

Halbtotale

Im Gegensatz zur Totalen, in der die Umgebung noch im Vordergrund für den Betrachter steht, bildet die Halbtotale das Hauptmotiv, z. B. die Person, in voller Größe ab. Die Person wird komplett von Kopf bis Fuß gezeigt. Somit ist es möglich, Bewegungen einer oder mehrerer Personen in Gänze zu zeigen. Die Halbtotale wird häufig zur Einführung von Personen verwendet, darüber hinaus eignet sie sich besser zur Darstellung von Aktionen als zur Darstellung von Dialogen.

Halbtotale

Amerikanische Einstellung

Die aus dem Western-Genre stammende Einstellungsgröße zeigt die Hauptperson vom Knie an aufwärts, so war der Revolver der Cowboys als wichtiges Utensil immer mit im Bild zu sehen.

Amerikanische Einstellung

Halbnahe

Die Halbnahe zeigt die Person von der Hüfte an aufwärts. Häufig wird diese Einstellung bei Reportern verwendet. Das Interesse wird hierbei eindeutig auf die Person gelenkt. Befindet man sich mit einem Gesprächspartner in einem Dialog, entspricht die Halbnahe am ehesten der natürlichen Sehsituation.

Halbnahe

Nahe

Die Person ist von der Schulter an aufwärts im Bild zu sehen. Die Umgebung rückt hier eindeutig in den Hintergrund. Trotz der Nähe zur Person wird im Gegensatz zur Großaufnahme noch eine gewisse Distanz gewahrt, es sind aber bereits Reaktionen und Gefühle gut
erkennbar. Häufige Anwendung findet diese Einstellungsgröße bei Dialogszenen, meist in
Verbindung mit Schuss/Gegenschuss (siehe S. 58).

Nahe

Großaufnahme

Hier ist der Darsteller oberhalb der
Schultern im Bild zu sehen. Bei der Großaufnahme nähert sich der Betrachter bis
auf kurze Distanz der Person, womit es
leicht ist, Mimik und Gefühle zu erkennen. Nicht nur der Kopf oder das Gesicht
einer Person, auch andere Körperteile
wie z. B. Hände, Füße usw. können in
dieser Einstellungsgröße dargestellt
werden.

Großaufnahme

Detailaufnahme

Die Detailaufnahme, auch extreme Großaufnahme genannt, zeigt nur ein bestimmtes Detail eines Bildes an. So ist es z. B. möglich, ein Auge oder den Mund in einer Detailaufnahme zu zeigen. Mit dieser Einstellungsgröße sollte man generell sparsam umgehen, da sie Emotionen besonders intensiv darstellen kann.

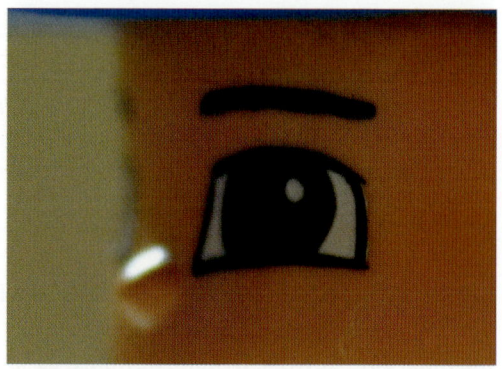

Detailaufnahme

Kameraperspektive

Ein weiteres stilistisches Mittel neben den Einstellungsgrößen ist die Kameraperspektive. Mit ihrer Hilfe kann der Zuschauer eine Situation oder auch Person aus verschiedenen Blickwinkeln mit den entsprechenden Wirkungen erfahren. Die Wahl der Kameraposition kann z. B. eine Person bedrohlich oder klein aussehen lassen.

Normalsicht

Die Kamera befindet sich auf gleicher Höhe wie das zu filmende Objekt. Der Zuschauer hat den Eindruck, der Person direkt in die Augen zu blicken. Diese Perspektive imitiert am ehesten das normale menschliche Sehen und wird deshalb auch als besonders natürlich empfunden.

Normalsicht am Beispiel einer Stop-Motion-Animation

Untersicht

Die Kamera befindet sich leicht unterhalb des zu filmenden Objekts. Dieses wirkt dadurch auf den Zuschauer größer. Die extreme Variante der Untersicht ist die Froschperspektive. Bei der Froschperspektive befindet sich die Kamera weit unterhalb der Augenhöhe einer zu filmenden Person, sie wirkt dadurch für den Zuschauer groß und bedrohlich. Das Aufblicken eines Kindes zu einem Erwachsenen lässt sich mit dieser Kameraperspektive gut darstellen.

Froschperspektive

Obersicht

Die Kamera befindet sich leicht oberhalb des zu filmenden Objekts. Die Obersicht wird häufig bei Fußballübertragungen verwendet. Der Zuschauer erhält den größtmöglichen Überblick über das Geschehen. Die extreme Variante der Ober- bzw. Aufsicht ist die Vogelperspektive. Hierbei ist es möglich, extrem schräg von oben auf einen Darsteller zu blicken. Dadurch kann dieser klein bzw. unwichtig erscheinen.

Vogelperspektive

Kamerabewegung

Durch Kamerabewegungen lassen sich Einstellungen, welche in sich keine Bewegungen enthalten, wesentlich spannender und interessanter gestalten. Man unterscheidet hier zwischen der sog. geführten Kamera, welche dem Protagonisten folgt, und der wissenden Kamera, welche von selbst zu wissen scheint, wo es weiter geht. Die gebräuchlichsten Formen der Kamerabewegung sind Kameraschwenk, -fahrt, Handkamera und Fokussieren:

Kameraschwenk

Mithilfe eines Kameraschwenks ist es möglich, von einem vorher definierten Anfangspunkt zu einem Endpunkt zu schwenken. Der Standort der Kamera bleibt immer gleich. Hierbei spielen Anfang und Ende eine wichtige Rolle, wobei durch den Schwenk etwas Neues entsteht. Greift z. B. eine Hand zu einem für den Handlungsablauf des Films besonders wichtigen Gegenstand, so lässt sich dies durch einen Schwenk verdeutlichen. Beim Reißschwenk wird die Kamera extrem schnell bewegt, die Bilder verschwimmen. Ganz anders dagegen der langsame Schwenk, welcher meist in der totalen Einstellung verwendet wird. Durch zusätzliches Schwenken kann man mehr Bildinhalt zeigen. Die Verbindung von Schwenk und Supertotale bietet den größtmöglichen Überblick über eine Szene.

Kamerafahrt

Bei der Kamerafahrt ändert sich der Standort der Kamera, zusätzlich können sich Perspektive und Bildausschnitt ändern. Kamerafahrten werden meist durch aufwendige Dolly-Systeme oder durch spezielle Filmkräne, auf denen die Kamera montiert wird, realisiert.

Bei der Zoomfahrt, häufig auch unechte Kamerafahrt genannt, ändert sich der Standort der Kamera nicht. Sie wird nur mithilfe des Zoomreglers an der Kamera erreicht. Für den Betrachter wirkt die Zoomfahrt unnatürlich. Auch häufig in Filmen zu finden ist die Kreisfahrt. Meist befindet sich der

Videodolly

Protagonist in der Mitte und die Kamera bewegt sich kreisförmig um diesen herum.

Handkamera

Die Handkamera, auch nervöse Kamera genannt, ist heute ein wichtiges Stilmittel in Action- oder Horrorfilmen. Meist mit hoher Schnittfrequenz in Actionfilmen gepaart, bewirkt die Handkamera ein unruhiges, hektisches Bild und gibt dem Film Geschwindigkeit. Horrorfilme, welche mit Handkamera gedreht werden, geben dem Zuschauer das Gefühl, Bestandteil der Handlung zu sein. Dadurch entsteht eine Verbindung zwischen Dokumentation und Horrorfilm, der Betrachter empfindet dies als besonders realitätsnah.

Fokussieren

Auch das Verlagern der Schärfe kommt einer Kamerabewegung gleich. Schärfeverlagerungen machen das Bild bzw. die Einstellung interessanter, z. B. kann durch langsames Scharfstellen eines Gesichts Spannung erzeugt werden. Durch Schärfeverlagerungen auf bestimmte Objekte bzw. Personen kann man diese in den Mittelpunkt des Geschehens rücken.

> ### Aufgabe
>
> Probieren Sie verschiedene Kamerafahrten aus. Betrachten Sie das aufgenommene Material. Welche Wirkung haben die einzelnen Kamerabewegungen auf Sie?

Beleuchtung

Durch die Lichtgestaltung am Set ist es möglich, verschiedene Stimmungen bzw. Atmosphären zu erzeugen. Düstere Thriller oder Horrorfilme werden meist in dunkleres Licht getaucht, während sog. Daily Soaps häufig übermäßig beleuchtet werden.

Definition
Bei einer Ausleuchtung, welche größere Teile des Bildes dunkel und Schatten im Vordergrund stehen lässt, spricht man in der Filmsprache auch von Low-Key. High-Key hingegen kennzeichnet ein übermäßig hell ausgeleuchtetes Bild.

Es ist damit auch möglich, bestimmten Charakteren oder Orten eines Films eine bestimmte Lichtgestaltung zu verleihen und diese somit besonders positiv, negativ, freundlich oder geheimnisvoll erscheinen zu lassen.

Beim Ausleuchten einer Szene sind meist drei Lichtquellen vorhanden. Das Arbeiten mit Führungslicht, Fülllicht und Gegenlicht ist eine professionelle Variante der Lichtsetzung und findet sich u.a. in der Dreipunktausleuchtung wieder. Hauptziel dieser Art der Lichtgestaltung ist es, Objekte oder Personen so auszuleuchten, dass die Konturen gut erkennbar sind und das eigentliche zweidimensionale Bild des Films eine gewisse Dreidimensionalität erhält.

Das Führungslicht kommt hierbei immer aus der Nähe der Kamera. Es ist das hellste Licht in der Dreipunktausleuchtung und bringt dadurch auch die meisten Schatten in die Szene. Das Fülllicht, auch Aufheller oder Grundlicht genannt, steht in direkter Verbindung zum

Führungslicht. Es hellt dessen Schatten auf und verringert den Kontrastumfang. Für die Dreidimensionalität ist hauptsächlich das Gegenlicht verantwortlich. Häufig auch als Kante bezeichnet, sorgt es dafür, dass Objekte oder Personen einen sichtbaren Rand erhalten. Meist scheint es von hinten oben auf das auszuleuchtende Objekt.

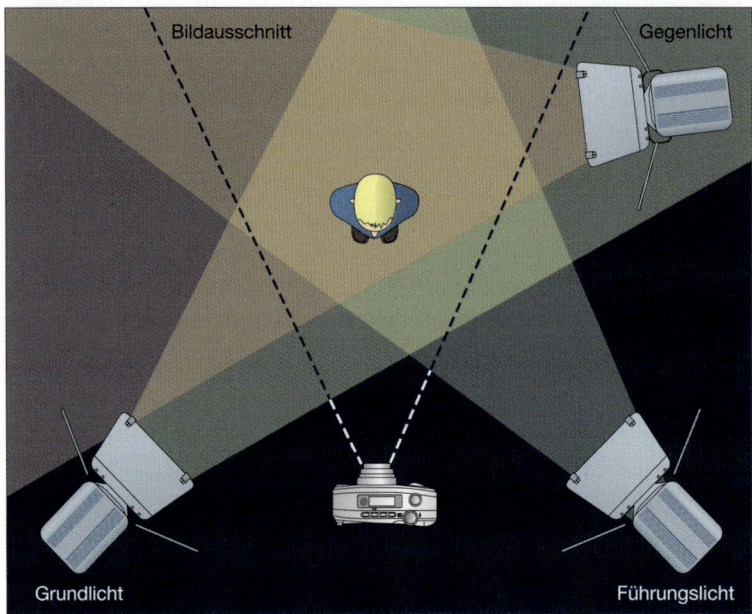

Klassische Dreipunktausleuchtung

Aufgabe

Versuchen Sie ein Objekt oder eine Person auszuleuchten. Dabei können Sie mit verschiedensten Lichtquellen experimentieren. Lassen Sie z. B. eine geheimnisvolle, traurige oder freundliche Atmosphäre entstehen.

Farbgestaltung

Nicht nur durch Licht, sondern auch durch Farbe kann eine bestimmte Atmosphäre erzeugt werden. Bestes Beispiel hierfür sind alte Schwarz-Weiß-Horrorfilme, welche häufig einen höheren Gruselfaktor und somit auch mehr Atmosphäre erzeugen als mit Effekten und Farben überladene Streifen des gleichen Genres aus der heutigen Zeit. Meist werden nach der Aufnahme noch Farbkorrekturen am gesamten Film oder auch an einzelnen Szenen vorgenommen um eine bestimmte farbbedingte Atmosphäre zu schaffen. Auch einem bestimmten Ort oder einer Person kann man eine gewisse Farbgestaltung zuweisen. Ein gutes Beispiel hierfür ist der Psycho-Thriller One Hour Photo von Mark Romanek aus dem Jahr 2002. Die Charaktere und Orte erhalten durch die ausgeprägte Farbgestaltung eine besondere Aussagekraft.

Aus dem Film „One Hour Photo" (2002): graue, helle Farben vermitteln Tristesse und Monotonie (links); kräftige, bunte Farben vermitteln Lebensfreude (rechts).

Aufgabe

Nennen Sie beliebte und unbeliebte Farben. Welche Wirkung haben diese Farben bei der Anwendung in Bild- bzw. Videomaterial?

Sowohl in Videoschnittprogrammen als auch in der Bildbearbeitung finden sich hierzu Einstellungsmöglichkeiten hinsichtlich Kontrast und Farbbalance. Damit kann sowohl Bild- als auch Videomaterial eingefärbt werden. Färben Sie entsprechende Aufnahmen mithilfe dieser Optionen unterschiedlich ein und vergleichen Sie die Wirkungen.

Filmton

Was wäre ein Film ohne die richtige Musik? Neben Filmmusik spielen Sprache bzw. Geräusche eine wichtige Rolle. Gibt es z. B. eine Erzählerstimme im Film, ist es möglich den Betrachter zu führen und eine Brücke zwischen Film und Wirklichkeit zu schaffen. Ruhe kann zum Nachdenken anregen oder etwas Heimliches, Geheimnisvolles darstellen. Laute Geräusche sorgen für Hektik und Betriebsamkeit.

Genau wie das Bild vermag also auch der Ton Atmosphäre zu schaffen und was wären Filme wie Herr der Ringe, Harry Potter oder Indiana Jones ohne ihre unverwechselbare Filmmusik? Im Film gibt es drei verschiedene Tonelemente, welche untereinander kombiniert werden können:

- Der Originalton oder O-Ton beinhaltet alle Töne, welche direkt bei der Aufnahme vorhanden sind, z. B. Sprache oder Geräusche.

- Die Filmmusik, welche häufig eigens für Filme komponiert wird, soll Spannung aufbauen oder eine bestimmte Stimmung verstärken.

- Geräusche, welche erst während des Schnitts hinzugefügt werden, um bestimmte Situationen zu untermalen und zu unterstreichen. Tonquellen können entweder on, also im Bild oder off, d.h. nicht im Bild sein.

Hören Sie sich einmal nur die musikalische Untermalung eines Films an. Der Ton schafft eine bestimmte Atmosphäre und Sie werden die Stimmung des Films erfassen können ohne den Film zu kennen.

Montage

Der Begriff Montage wird häufig gleichgesetzt mit dem Begriff des Schnitts. Während im Schnitt meist Feintuning an den einzelnen Einstellungen und Sequenzen betrieben wird, geht es bei der Montage um das gesamte Projekt. Hier wird der Inhalt des Filmes festgelegt, es werden Einstellungen, Sequenzen, Szenen geordnet, man spricht dabei auch vom Rohschnitt. Die Bedeutung des Wortes Montage ist in den Ursprüngen des Filmes wiederzufinden. Hier wurden die einzelnen Filmschnipsel mittels Schere und Leim aneinander montiert. Die von Sergej Eisenstein entwickelte Assoziationsmontage findet man heute selten in Filmen wieder. Diese Montageform soll durch das Zusammenschneiden voneinander unabhängiger Bilder beim Zuschauer bestimmte Assoziationen hervorrufen. Zum Beispiel wollte Eisenstein durch das Zusammenschneiden der beiden Bildelemente Auge und Wasser beim Zuschauer die Assoziation Weinen wecken.

Der klassische Hollywoodstil, auch Continuity System genannt, ist die heutzutage gebräuchlichste Montageform. Hierbei wird viel Wert auf die Unsichtbarkeit der Schnitte gelegt, d.h. der Zuschauer soll den Schnitt so wenig wie möglich wahrnehmen. Dazu ist es nötig, die verschiedenen Einstellungen mit den jeweiligen Einstellungsgrößen logisch aneinanderzureihen (siehe auch Kapitel 3.2.1). Am Beispiel eines Treffens im Biergarten würde die logische Bildfolge folgendermaßen aussehen:

Establishing Shot: Eine Totale oder Supertotale zeigt die gesamte Örtlichkeit.

Establishing Shot

Master Shot: Mittels einer Totalen oder Halbtotalen wird der genaue Ort des Treffens gezeigt.

Master Shot

Schuss/Gegenschuss: Wechsel zwischen der wartenden und der gerade angekommenen Person mittels Schuss/Gegenschuss. Die Gesichter beider Akteure sind immer abwechselnd in einer Nahen bzw. Großaufnahme zu sehen. Begonnen wird hierbei immer mit derjenigen Person, die gerade angekommen ist.

Schuss/Gegenschuss

Cut Back: Als Auflösung kann zum vorhergehenden Master Shot zurückgesprungen werden.

Die meisten Filme sind linear aufgebaut, d.h. der Film besitzt einen fest definierten Anfang und ein fest definiertes Ende. Diese erzählende Form der Montage wird vom Zuschauer als besonders harmonisch und logisch wahrgenommen, da sie sich hauptsächlich an den Seh- und Bewegungsgewohnheiten des Zuschauers orientiert. Innerhalb dieser Geradlinigkeit ist es jedoch möglich den Film mit verschiedenen Schnitt- und Montagearten interessanter zu gestalten:

- Ähnlichkeitsschnitt/Match Cut: Verschiedene Sequenzen werden durch einen Schnitt miteinander verbunden, indem sie ein ähnliches Thema aufgreifen. Am Beispiel unseres Biergartens könnte im ersten Bild ein Barkeeper zu sehen sein, der ein Bier zapft. Im nächsten Bild stellt der junge Mann aus dem oberen Bild ein volles Glas auf den Tisch.

- Bildsprung/Jump Cut: Diese meist für Verwirrung sorgende Schnittart wird erreicht, indem Bilder einer Einstellung weggelassen werden. Beispiel: Der junge Mann sitzt am Tisch ohne Glas, darauf folgt ein Schnitt. In der gleichen Einstellungsgröße sitzt er jetzt mit einem Glas da, danach mit zwei, drei und so weiter. Der Zuschauer hat dabei den Eindruck, das Bild würde springen.

- Zwischenschnitt/Insertive Montage: Häufig anzutreffen in Dokumentationen werden hier meist allgemeine Bilder, welche zwar inhaltlich zum Thema passen, dieses aber nicht wesentlich beeinflussen, dazwischen geschnitten. In unserem Beispiel wäre es möglich, während des Gesprächs zwischen Mann und Frau einen Zwischenschnitt einzufügen. Hier könnte sich z. B. eine weitere Person an den Tisch setzen.

- Parallelmontage: Hierbei wird zwischen mehreren Handlungssträngen hin und her geschnitten. Häufig gibt es innerhalb des Films Verbindungen zwischen den

Handlungssträngen, was jedoch nicht zwingend notwendig ist. Mittels der Parallelmontage lassen sich gut Spannung und Dramatik erzeugen.

- Kontrastmontage: Völlig gegensätzliche Bilder werden bei dieser Montageform gegen geschnitten. So könnte nach der Einstellung, in der unser Protagonist an der Bar bezahlt, ein hungernder Obdachloser beim Betteln zu sehen sein.

- Vorausschau/Rückblende: Mit der Vorausschau erfolgt ein Sprung in die Zukunft. Es können Erwartungen oder kommende Ereignisse gezeigt werden. Mit der Rückblende ist es möglich, in die Vergangenheit zu reisen und vorhergehende Ereignisse zu zeigen.

- Rhythmische Montage: Fast jedes Musikvideo bedient sich der rhythmischen Montage, indem die Schnitte passend zum Rhythmus der Musik erfolgen.

2.3 Altersspezifik

Kinder im Alter von null bis sechs Jahren

Da sich eine Filmanalyse stark im Bereich der Medienkritik bewegt, ist für ihre Durchführung ein hohes Maß an reflexiven Fähigkeiten notwendig. Aus diesem Grund werden für das Projekt der Filmanalyse sowohl die Kinder im Krippen- als auch im Kindergartenbereich vollkommen herausgelassen, denn aus pädagogischen und entwicklungspsychologischen Gründen sollte ihr Fernseh- bzw. Filmkonsum generell eingeschränkt sein (vgl. Kapitel 3.3 Kurzfilm, Altersspezifik). Natürlich sollte auch bei diesen jungen Fernsehkonsumenten im Nachhinein immer eine Auswertung des Filmes oder der Sendung erfolgen, allerdings mit dem Ziel der besseren Verarbeitung des Wahrgenommenen. Eine Filmanalyse ist jedoch im wahrsten Sinne des Wortes ein Auseinandernehmen des Films in z. B. inhaltliche oder stilistische Bestandteile.

Das Grundschulalter, ältere Kinder und Jugendliche (ab 7 Jahren)

Auch die Kinder im frühen Grundschulalter werden als mögliche Projektteilnehmer für eine Filmanalyse ausgeklammert, da sie sich noch sehr von den Bildern einnehmen lassen und Wirkungszusammenhänge von Licht, Musik und Handlung für sie eher uninteressant sind. Allerdings kann man mit ihnen kleinere Sequenzen oder Episoden aus Serien hinsichtlich der moralischen Bewertung der Handlung oder der Sprache analysieren. Am Ende der Grundschulzeit sowie bei jugendlichen Filmkonsumenten lässt sich nach einem Kinobesuch häufig feststellen, dass sowohl über die Handlung als auch über Effekte, Tricktechniken oder schauspielerische Leistungen diskutiert wird. Dies ist die Basis für eine gelingende Filmanalyse. Die Kinder und Jugendlichen zeigen nicht nur Interesse am Film, sondern auch an der Art der Gestaltung. Zudem verfügen sie über ein höheres Maß an kognitiver und moralischer Entwicklung, differenzieren eindeutig zwischen Realität und Fiktion und reflektieren sehr stark.

2.4 Ablauf einer Filmanalyse

Beachtet man die theoretischen und technischen Grundlagen in diesem Kapitel, ist es praktisch jedem möglich, eine Filmanalyse durchzuführen. Hierbei wird minimales Vorwissen benötigt, da fast jeder tagtäglich mit dem Medium Film in Berührung kommt. Schon Kinder vollziehen unbewusst eine Art Filmanalyse, indem sie sich in den Held ihrer Lieblingsserie versetzen und dessen Tun und Handeln hinterfragen und somit auch analysieren. Da es sich beim Film um ein künstlerisches Medium handelt, gibt es bei der Filmanalyse keine bestimmte Vorgehensweise. Häufig erkennt man auch während einer Filmanalyse immer mehr Zusammenhänge und dringt somit immer tiefer in die Materie ein. Bevor man mit der eigentlichen Filmanalyse startet, ist es deshalb wichtig, den Film mehrmals zu schauen. Gerade bei anspruchsvollen Filmen erkennt man erst bei der zweiten oder dritten Betrachtung Zusammenhänge, Stilmittel, spezielle Eigenschaften des Regisseurs oder der Schauspieler. Vor dem Beginn der Filmanalyse sollte man sich auch die Zeit nehmen und speziell den Regisseur als Macher des Films näher kennenlernen. Hier könnten z. B. folgende Fragen beantwortet werden: Wie war seine Kindheit, warum ist er Regisseur geworden, was sind frühere Werke von ihm? Je mehr man sich über den Macher des Films informiert, desto besser versteht man die Sprache des Films.

Jeder gute Film berührt oder provoziert uns auf eine bestimmte Art und Weise. Warum das so ist, kann man nach den unterschiedlichsten Kriterien innerhalb einer Filmanalyse klären:

Regisseur

- Wer ist der Regisseur des Films?
- Kindheit und erste Begegnung mit dem Medium Film
- Eigenarten des Regisseurs
- Weitere Werke des Regisseurs

Handlung

- Entstammt der Film einem besonderen Genre?
- Wovon handelt der Film?
- Was ist die Kernaussage des Films?
- Wie ist die Handlung aufgebaut?
- Gibt es Verknüpfungen oder Konflikte zwischen den Handelnden?
- Für welche Zielgruppe ist der Film geeignet?

Aufgabe

Erstellen Sie einen Katalog mit den verschiedenen Filmgenres. Ergänzen Sie den Katalog mit eigenen Informationen wie Filmbeispiele, genrespezifische Eigenarten o. Ä..

Die Personen

- Welche wichtigen Figuren treten im Film auf?
- Welche Berufe üben die Protagonisten aus und welchen Gesellschaftsschichten entstammen sie?
- Sind die Figuren klischeebehaftet?
- Gibt es einen Hauptdarsteller?
- Welche Figuren erwecken Sympathie bzw. Antipathie? Warum?
- Gibt es Verbindungen, Feindschaften oder Freundschaften zwischen den Personen?
- Ausdrucksformen, Erscheinungsbild, Mimik, Gestik, Sprache der Figuren.

Bild

- Analyse von Kameraeinstellungen, Einstellungsgrößen, Fokussierung.
- Welche Kamerabewegungen wurden verwendet und wie oft?
- Gibt es eine bestimmte Farbgestaltung?

Ton

- Wie ist die tonale Grundstimmung?
- Welche sprachlichen Mittel wurden verwendet?
- Welche Geräusche wurden verwendet? Welche Wirkung haben diese?
- Welche Musik wurde verwendet? Welche Wirkung hat diese?
- Gibt es einen Sprecher bzw. Erzähler?

Effekte

- Wurden Effekte und/oder Filmtricks verwendet?
- Welche Techniken wurden verwendet, z. B. Greenscreen, Stop-Motion (siehe S. 51) u. Ä.?
- Wurden die Effekte realistisch oder übertrieben dargestellt?

> *Definition*
> *Greenscreen, auch bekannt als Green Box oder Blue Screen/Blue Box, ist ein Verfahren, bei dem Personen, Objekte oder Situationen vor einem ausgeleuchteten grünen (oder blauen) Hintergrund aufgenommen werden. Dieser Hintergrund wird in der Nachbearbeitung des Materials durch ein entsprechendes passendes Hintergrundbild ersetzt. Der Zuschauer gewinnt den Eindruck, dass die Szene tatsächlich am gezeigten Ort aufgenommen wurde.*

Licht

- Wie ist die Grundgestaltung des Lichts?
- Wurde bestimmten Räumen, Personen oder Gegenständen mithilfe des Lichts eine bestimmte Atmosphäre gegeben?

Schnitt/Montage

- Wie sind die Einstellungslängen?
- Wie ist die Schnittgeschwindigkeit?
- Wurden Überblendungen genutzt?

Aufgabe

Welche Filmgenres kennen Sie? Geben Sie Beispiele für Stop-Motion, Zeichentrickfilm und Realfilm. Was halten Sie persönlich von den verschiedenen Stilen und für welche Altersgruppen sind diese empfehlenswert?

Ist man sich bewusst, nach welchen Kriterien der Film analysiert werden soll, empfiehlt es sich, ein entsprechendes Filmprotokoll zu gestalten. Bevor man den Film nach oben genannten Kriterien genauer analysiert, sollte man sich direkt nach dem ersten Anschauen Notizen machen. Hier ist es hilfreich festzuhalten, wie der Film gewirkt hat, welche Szenen besonders in Erinnerung geblieben sind und was die Faszination des Films ausmacht. Es lohnt sich außerdem, die nach der Erstbetrachtung des Filmes aufgezeichneten Gedanken mit den Arbeitsergebnissen der Analyse am Ende zu vergleichen. Der Analyse- und Erkenntnisprozess kann so verdeutlicht werden. Nachdem man sich einen ersten Eindruck gemacht hat, sollte man den Film ein zweites und drittes Mal anschauen und sich dabei wichtige Informationen mithilfe eines Filmprotokolls aufzeichnen.

Ein Filmprotokoll kann folgendermaßen aufgebaut sein:

Filmprotokoll:			Blatt ___ von ___			Name	Datum
Bild-block	Time-code	Inhalt	Text	Ton	Kamera	Bild	Schnitt

Während der Film das zweite Mal angeschaut wird, sollte man mithilfe des Filmprotokolls die wichtigsten Aspekte vermerken. Von Vorteil kann es auch sein, wenn im Filmprotokoll Bilder bzw. Screenshots der jeweiligen Einstellung auftauchen. Es ist auch möglich, die Einstellung mit den markantesten Bildelementen zu skizzieren. In solchen Skizzen ist es leicht, Kamera- und Objektbewegungen mithilfe eines Pfeils einzuzeichnen. Bewegungen von Objekten oder Personen werden hierbei mit farbigen Richtungspfeilen im Bild markiert, Kamerabewegungen werden außerhalb, am Rande des Bildes mit Pfeilen dargestellt. Fällt das Filmprotokoll nicht ganz so ausführlich aus, kann man die Zeichnungen oder Screenshots hier unterbringen. Ist nicht genügend Platz, kann man die mit den

Bildblocknummern aus dem Filmprotokoll versehenen Bilder an das Protokoll anhängen. Wie ausführlich das Filmprotokoll gestaltet wird, hängt immer vom Aufwand der jeweiligen Filmanalyse ab. Vor der dritten Rezeption des Films empfiehlt sich das Schreiben einer kurzen Inhaltsangabe. Weiterhin kann zu diesem Zeitpunkt Näheres zu Regisseur, Handlung und Personen in Erfahrung gebracht werden. Falls man die Möglichkeit dazu hat, sollte man die Schüler oder Jugendlichen in Gruppen aufteilen, welche bestimmte Kriterien genauer beleuchten und den Film dahingehend analysieren. Ist keine Gruppenteilung möglich, sollte man sich dennoch auf wenige Kriterien konzentrieren. Während eines erneuten Anschauens werden genau diese Aspekte untersucht und im Anschluss schriftlich festgehalten. Eine Möglichkeit wäre z. B. eine Gruppe mit der Analyse der Personen zu betrauen, wobei folgende Fragen beantwortet werden könnten: Welche wichtigen Filmfiguren treten im Film auf? Welchem Beruf, Gesellschaftsschichten entstammen die Figuren? Sind die Figuren klischeebehaftet?

Eine weitere Gruppe kann den Film z. B. hinsichtlich des Bildes untersuchen. Kameraeinstellungen, Einstellungsgrößen, Fokussierung, Kamerabewegungen, Farbgestaltung wären hier Möglichkeiten zur genaueren Betrachtung. Wurden alle Fakten gesammelt, empfiehlt es sich, die Gruppen zusammenzuführen, die Ergebnisse zu vergleichen und Zusammenhänge gemeinsam erschließen zu lassen. Auf diese Weise entsteht eine ganzheitliche Filmanalyse.

> ### Aufgabe
>
> *Welche Eigenarten besitzt der Hauptdarsteller einer Serie bzw. eines Films? Welche Helden bzw. Hauptdarsteller finden Sie besonders interessant, welche nicht? Begründen Sie Ihre Antwort.*

2.5 Projektbeispiel „Panzerkreuzer Potemkin"

Das Projekt der Filmanalyse wurde mit jungen Erwachsenen, welche sich im dritten Jahr der Erzieherinnenausbildung befanden, durchgeführt. Alle Beteiligten hatten bereits ein hohes filmisches Verständnis. Zudem waren sie mit dem Ablauf einer Filmanalyse schon vertraut. Aus diesem Grund wurde ein relativ hohes Niveau in Hinsicht auf die zu untersuchenden Kriterien gesetzt. Als Film wurde bewusst der Klassiker „Panzerkreuzer Potemkin" vom Regisseur Sergej Eisenstein aus dem Jahr 1925 gewählt. Die Schüler sollten hier Montagetechniken als filmische Mittel erkennen, welche zu diesem Zeitpunkt der Filmgeschichte als Neuerung galten, und bestimmte Schlüsselszenen des Filmes analysieren. Ein weiterer Schwerpunkt wurde auf den Spannungsaufbau der einzelnen Szenen gelegt.

Die Tatsache, dass der Film in Schwarz-Weiß gedreht wurde und gänzlich auf Sprache verzichtet, erleichterte es den Schülern, sich auf das Wesentliche zu konzentrieren. Während der Arbeit wurden stets Zwischenergebnisse präsentiert, aus denen die Gruppen gegenseitigen Nutzen ziehen konnten. So entstand ein stetiger, produktiver Gedankenaustausch. Nach dem erstmaligen Anschauen des Films wurden vier Kriterien zur Filmanalyse vorgegeben, aus welchen sich die Gruppen ein Thema auswählen konnten.

Die erste Gruppe wählte das Thema Montagetechniken des Regisseurs Eisenstein. Alle weiteren wählten sich eine der vorgegebenen Szenen aus, welche es nach bestimmten Kriterien zu untersuchen galt. Während des gesamten Projektes wurde am PC gearbeitet. So war es den Schülern stets möglich, Screenshots der jeweiligen Einstellungen zu machen und diese in das Textdokument, in welchem die Filmanalyse festgehalten wurde, einzufügen.

Gruppe 1: Montagetechniken des Regisseurs Sergej Eisenstein

Aufgabenstellung:

Untersuchen Sie den Film „Panzerkreuzer Potemkin" nach verschiedenen Montagetechniken. Erläutern Sie hierzu den Begriff Montage.

Hinweis: Der Film „Panzerkreuzer Potemkin" kann über die Suche mit einer Suchmaschine im Internet gefunden und abgerufen werden.

Ablauf:

Nach dem erstmaligen Betrachten des Films in der gesamten Klasse wählte die Gruppe 1 „Montagetechniken des Regisseurs" als zu untersuchendes Kriterium aus. Im Anschluss recherchierte die Gruppe nach Begriffen wie Montage und Montagetechniken. Hierzu wurde sowohl im Internet als auch in Büchern gesucht. Nachdem die Grundbegriffe geklärt waren, wurde der Film ein zweites Mal in Hinblick auf die Montage betrachtet. Die Schüler erkannten erste Eigenarten hinsichtlich der Montage in „Panzerkreuzer Potemkin" und recherchierten im Anschluss speziell nach Eisensteins Montagetechniken. Sie erkannten, dass die Montage der Attraktionen als auch der goldene Schnitt wesentlichen Einfluss auf „Panzerkreuzer Potemkin" als auch auf die gesamte Filmgeschichte hatten.

Während dieser Projektphase gab es eine kurze Besprechung aller Gruppen, in der die Zwischenergebnisse präsentiert wurden. Speziell die Gruppen, welche sich mit einer bestimmten Szene des Films auseinandersetzten, profitierten hier besonders von den Erkenntnissen zu den Montagetechniken. Nach nochmaligem Schauen wurde der Film anhand der Montagetechniken analysiert und alle gewonnenen Erkenntnisse schriftlich fest gehalten.

Ergebnis:

Montage

Unter dem Begriff „Montage" versteht man allgemein den Filmschnitt, welcher eine Strukturierung des Filmes ermöglicht. Einzelne Einstellungen werden bei der Montage in der vom Regisseur vorgegebenen Reihenfolge aneinander „montiert" und ergeben am Ende eine filmische Realität, die vom Zuschauer erlebt wird (vgl. Böhringer u.a., 2002, S. 1031).

Die Montage wird vorrangig aus zwei filmorganisatorischen Bedingungen durchgeführt. Erstens steht dem Regisseur nur ein endlicher Filmstreifen zur Verfügung, dessen Aufnahmekapazität beschränkt ist. Zweitens muss der Film selbst auf eine gewisse Länge begrenzt werden, um die Geduld und Aufmerksamkeit des Zuschauers nicht über Gebühr zu strapazieren. Zur Erfüllung dieser beiden Bedingungen ist der Regisseur gezwungen verschiedene Stücke Film aneinander zu montieren (vgl. Eisenstein, 2006, S. 158).

Montage der Attraktionen

Schon in seiner ersten Schrift „Montage der Attraktionen", welche sich aber noch hauptsächlich mit dem Theater befasst, erklärte Eisenstein den Zuschauer zum Grundstoff des Theaters. Die Attraktionsmontage, wie sie von Eisenstein später genannt wurde, soll mithilfe verschiedener Elemente den Zuschauer psychologisch beeinflussen. Der Regisseur setzt also für den Zuschauer im Film oder Theater bestimmte Reize und erwartet entsprechende Reaktionen des Zuschauers. Die Zielgruppe eines Films oder Theaterstücks ist also tatsächlich mitbestimmend für die Art der Montage der einzelnen Teile. Die hauptsächlich für das Theater geschaffene Attraktionsmontage sollte den Zuschauer durch „aggressive", man könnte auch sagen spannende oder auch bedrohliche Momente wachrütteln, ähnlich einer in einem Zirkus dargebotenen artistischen Nummer, in der z. B. ein Trapezkünstler seinen Partner fangen muss. In solchen Momenten spannt jeder Beobachter, egal ob nun bewusst oder unbewusst, seinen Körper an und versetzt sich in die Lage des Darstellers, er versucht gewissermaßen selbst, dem Trapezkünstler beim Fangen zu helfen. Diese Attraktion wurde von Sergej Eisenstein als ein selbstständiges und primäres Element einer Aufführung bezeichnet – als ein Bestandteil.

„Als ‚Bestandteil' deshalb, weil schwer die Grenze festzustellen ist, wo die Anziehungskraft des Edelmuts eines Helden (ein psychologisches Element) aufhört und das persönliche Moment seines Charmes (d.h. seine erotische Wirkung) einsetzt […]."
(Lenz/Diederichs, 2006, S. 455)

Durch diese Erkenntnisse war es dem Regisseur möglich, völlig neu an die Konzeption eines Theaterstücks oder Films heranzugehen. Es muss nicht mehr nur statisch erzählt und wiedergegeben werden, d.h. eine Geschichte muss nicht nur einen linearen Verlauf mit einer fest zu Grunde liegenden Handlung haben, welche man dann nur in Bilder überträgt. Das neue daran ist, dass man die Geschichte mithilfe von Wirkungen gestalten und diese Wirkungen bzw. Attraktionen logisch mit der Handlung verknüpfen kann. Allerdings sollte dieser gesamte Komplex ein Ziel haben und auf einen thematisch festgelegten Effekt zuarbeiten. Wichtigstes Element für die Attraktionsmontage ist die Psyche des Menschen, denn nur durch sie kann der gewollte Effekt in Form von Assoziationsketten entstehen, welche sich durch visuelles und akustisches Verfolgen einer bestimmten Szene im Kopf des Zuschauers entwickeln. Dieser Vorgang bringt allerdings die Konsequenz mit sich, dass z. B. bei einer Szene, in der ein Dieb von einem Offizier verfolgt wird und dieser auf ihn feuert, im Kopf eines Offiziers, welcher den Film betrachtet, etwas völlig anderes vorgeht als bei einem Dieb, welcher auch zufällig an der Vorstellung teilnimmt. Eine gute Kenntnis menschlicher Denkmuster sollte also für einen Regisseur unumgänglich sein, wenn er tatsächlich den gewünschten Effekt beim Zuschauer erreichen will.

Intellektuelle Montage

Diese aus der Attraktionsmontage abgeleitete Theorie soll den Zuschauer nicht nur emotional ansprechen, sondern auch intellektuell weiterführen. Das Ziel dieser neuen Montageform Eisensteins ist es, den Zuschauer beim Betrachten des Stückes oder Filmes zu neuen Erkenntnissen zu führen, welche einhergehen sollen mit dem Bewusstsein, dass Handeln im Sinne der Gesellschaft und ihrer Bedürfnisse in der Verantwortung eines jeden Menschen liegt. Der Regisseur stellt also mit der intellektuellen Montage zugleich auch eine moralische Forderung an den Zuschauer. Der Film gibt dabei keineswegs eine Lösung oder ein konkretes Ziel vor, wie dies bei der Attraktionsmontage der Fall war, sondern erwartet vom Kinobesucher, dass dieser selbstständig und kritisch ein eigenes Urteil fällt, welches die Grundlage für eine mögliche Lösung der Handlung bildet. Im „Panzerkreuzer Potemkin" wird diese Montageform kaum angewandt, da sich die Attraktionsmontage weitaus besser für den Propagandafilm eignet und Eisenstein zu diesem Zeitpunkt erst beginnt, über intellektuelle Montagetechniken nachzudenken.

Goldener Schnitt

Eine wichtige Rolle in Sergej Eisensteins Montagetechniken spielt der goldene Schnitt. Das bereits seit der Antike bekannte Proportionsgesetz bildete für den Künstler nahezu in allen Bereichen hinsichtlich des Films bzw. der Montage eine wichtige Grundlage. Der goldene Schnitt findet sich oft in der Natur, im Bau und in Kunstwerken wieder und beschreibt das Zahlenverhältnis von 1:1,618 (entspricht a:b, siehe Grafik unten). Bei der praktischen Anwendung geht man allerdings von ungefähren Werten aus. Nahezu jeder Betrachter empfindet die Anwendung dieses Gesetzes als harmonisch und ästhetisch. Das einfachste Beispiel des goldenen Schnittes ist wahrscheinlich der menschliche Körper. Ganz auf der Zahlenreihe des goldenen Schnittes 3:5:8, welche sich natürlich beliebig fortsetzen ließe, ist der menschliche Körper aufgebaut, d.h. der Kopf mit dem Faktor 3, der Oberkörper bis zur Hüfte mit dem Faktor 5 und alles von der Hüfte abwärts mit dem Faktor 8.

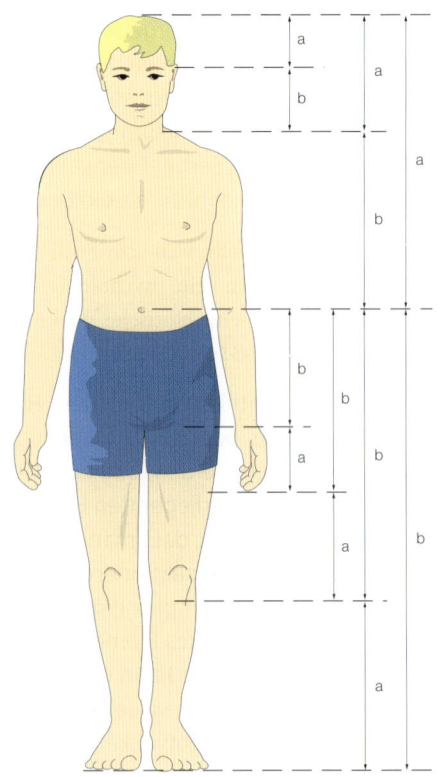

Proportionen Goldener Schnitt

Auch Sergej Eisenstein machte sich diese Entdeckung zu Nutze, allerdings verwendete er den goldenen Schnitt nicht ausschließlich für seine Bildkompositionen, sondern nutzte diese Technik zusätzlich in der zeitlichen Montage der Filmsequenzen. So findet man dieses Gestaltungselement in den Blöcken des Films wieder und auch die einzelnen Akte teilen sich untereinander in dem Verhältnis des goldenen Schnitts entsprechende Teile auf.

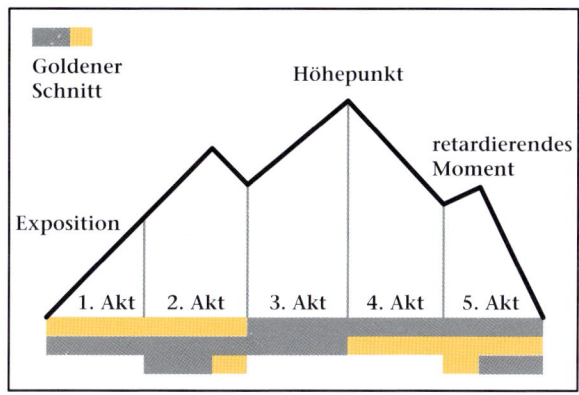

Der goldene Schnitt in der Dramaturgie (vgl. Eisenstein, 1960, S. 58)

So zeigt die Grafik oben, dass sich ein Akt in zwei Teilstücke aufteilen lässt, welche im Verhältnis des goldenen Schnitts zueinander stehen. Die einzelnen Akte haben die gleiche Länge, wodurch es auch möglich ist, den goldenen Schnitt auf die Akte selbst an zu wenden. So verhalten sich z. B. Akt 1 und Akt 2, welche als Einleitung gesehen werden können, ungefähr in diesem Verhältnis zu den Akten 3, 4 und 5. Bildlich gesehen lässt sich der goldene Schnitt verschieden anwenden. So kann man das Bild sowohl vertikal als auch horizontal teilen. Auch eine diagonale Unterteilung ist machbar, solange sich die zwei entstandenen Flächen in der entsprechenden Proportion befinden. Die Strukturierung kann zudem auf verschiedene Bildelemente angewandt werden. So ist es möglich, Naturelemente wie Horizont, Wasser oder eine Landschaft als Grundlage für den goldenen Schnitt zu nehmen. Aber auch Bauwerke, Gegenstände und Menschen können im Bild so positioniert werden, dass sie der harmonischen Flächenaufteilung des goldenen Schnitts entsprechen.

Goldener Schnitt – horizontal

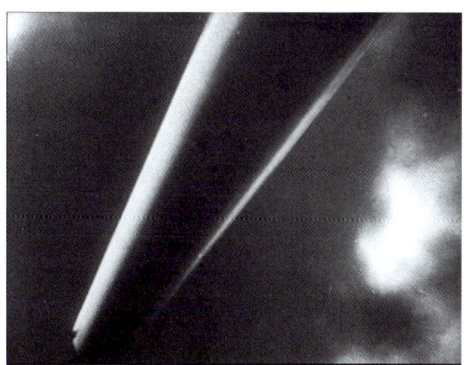

Goldener Schnitt – diagonal

Gruppe 2: „Klage am Leichnam Wakulintschuks"

Aufgabenstellung:

Untersuchen Sie die Szene „Klage am Leichnam Wakulintschuks". Wie gelingt es dem Regisseur Spannung aufzubauen, welche bildgestalterischen Mittel werden genutzt?

Ablauf:

Nach dem erstmaligen Betrachten des Films in der gesamten Klasse wählte Gruppe 2 „Klage am Leichnam Wakulintschuks" als zu untersuchende Szene aus. Im Anschluss wurde der Film ein zweites Mal geschaut. Alle Mitglieder des Teams machten sich hier schon Notizen zu Personen, Spannungsaufbau und Schnitt. Danach beschrieb jedes Teammitglied kurz, welche Emotionen durch das Betrachten der Szene hervorgerufen wurden und mit welchen filmischen Mitteln der Regisseur dies möglich machte. Der Inhalt der Szene wurde in einem gemeinsamen Protokoll festgehalten. Während dieser Projektphase gab es eine kurze Besprechung aller Gruppen, in der die Zwischenergebnisse präsentiert wurden. Die Schüler erfuhren hier von Eisensteins Montagetechniken und konnten diese Erkenntnisse in die Analyse der Szene einfließen lassen. Sie nutzten jetzt ebenfalls Literaturquellen, speziell von Eisenstein, um weitere Informationen zu erhalten. Nach nochmaligem Schauen wurden die gewonnenen Erkenntnisse schriftlich in Kurzform notiert.

Ergebnis:

In der Trauerszene um den toten Wakulintschuk geht es hauptsächlich darum, das Publikum zuerst in Trauer zu versetzen und darauf folgend die Trauer in Zorn übergehen zu lassen. Ausgangssituation ist, dass Wakulintschuk, welcher von einem Offizier des Panzerkreuzers beim Aufstand getötet wurde, aufgebahrt im Hafen von Odessa liegt. Die Bürger der Stadt gehen am Leichnam vorüber und nehmen Abschied. Das Opfer, welches für eine gerechte Sache gefallen ist, wird von den Einwohnern Odessas beklagt. Eisenstein arbeitet hier mit gegensätzlichen Darstellungen, wie aus den unten stehenden Bildern erkennbar ist.

Die Trauer der Mutter im Kontrast zum Gleichmut des Zarentreuen.

In den darauf folgenden Einstellungen sieht man auch die Ignoranz und Überheblichkeit der Industriellen gegenüber der Wut und dem Zorn der Arbeiter. Ständig wird zwischen dem Toten und der Trauergemeinde hin und her geschnitten. Der Personenkreis setzt sich aus allen sozialen Schichten und Altersstufen zusammen, so dass sich jeder Zuschauer mit einem der Trauernden identifizieren kann. Da sind Männer, Frauen, Kinder, Jugendliche, Arbeiter, Studenten, Alte, Junge, Arme, Reiche, Weinende, Zornige, Gleichgültige. Eine wichtige Einstellung ist die, in der der Tote das Schild mit der Aufschrift „Für einen Löffel Suppe" trägt.

Das Ballen der Faust als Ausdruck des Zorns und der Wut und das Zerreißen des Hemdes eines Matrosen auf dem Höhepunkt der Szene spiegeln die Vorliebe Sergej Eisensteins wieder, mittels symbolhafter Darstellungen den Zuschauer in einen emotionalen Zustand zu versetzen.

Besonders durch das Zusammenschneiden der gegensätzlichen Bilder baut der Regisseur Spannung auf. Alle in der Gruppe konnten sich so besser in die Wut und Trauer der Bevölkerung versetzen. Dies wurde besonders durch die Einstellungen, in denen der Matrose die Faust ballt und sich letztendlich das Hemd zerreißt, verstärkt. Alle Schüler empfanden den Wunsch nach Rache bzw. Vergeltung in Hinblick auf den Tod Wakulintschuks so stärker. Der gleiche Spannungsaufbau wurde von Gruppe 4 in der Szene „Die Treppe von Odessa" beschrieben.

Gruppe 3: „Die Löwen"

Aufgabenstellung:

Untersuchen Sie die Szene „Die Löwen". Was will der Regisseur durch das Aneinanderschneiden der Löwen zum Ausdruck bringen? Welche bildgestalterischen Mittel werden genutzt?

Ablauf:

Zum Ablauf der Analyse siehe Gruppe 2.

Ergebnis:

Eine der bekanntesten Szenen des Films „Panzerkreuzer Potemkin" ist die Sequenz der Löwen, welche eine große symbolische Wirkung hat. Der Regisseur brachte hier drei Löwenfiguren in den Film ein. Er schnitt diese drei Löwen, den schlafenden, den erwachenden und den sich erhebenden, zusammen und erzielte damit den Effekt, dass der Löwe scheinbar durch die Kanonenschüsse geweckt wurde.

Einschlag der Kanonenkugel.

Eine gedachte senkrechte Linie zwischen den Augen und eine waagerechte Linie an der Unterseite des Kopfs zeigt auch in diesen Einstellungen wieder die Verwendung des goldenen Schnitts. Dies ist eine der wenigen Szenen, wo man eindeutig die Anwendung der intellektuellen Montage erkennt. Das Erwachen der Löwen wurde von den Mitgliedern der Gruppe verschieden interpretiert, da es nicht eindeutig zu erkennen war, auf wessen Seite der Löwe nun eigentlich steht oder warum er erwacht. Ganz im Sinne der intellektuellen Montage, welche von Gruppe 1 beschrieben wurde, sahen einige Schüler den Löwen als Symbol für Edelmut oder Verteidigung, andere brachten den Löwen eher in Verbindung mit Selbstherrschaft und Stolz.

Der schlafende Löwe erwacht und erhebt sich.

Gruppe 4: „Die Treppe von Odessa"

Aufgabenstellung:

Untersuchen Sie die Szene „Die Treppe von Odessa". Wie gelingt es dem Regisseur, Spannung aufzubauen? Welche bildgestalterischen Mittel werden genutzt?

Ablauf:

Zum Ablauf der Analyse siehe Gruppe 2.

Ergebnis:

In der wohl bekanntesten Szene aus „Panzerkreuzer Potemkin" stehen die Einwohner Odessas den Soldaten gegenüber. Trotz der enormen Länge wurde die Szene durch das Aneinanderschneiden von Bevölkerung und Soldaten spannend gestaltet. Zu sehen sind gegensätzliche Bilder wie ein Kinderwagen und die Stiefel und Gewehre der Soldaten, die Mutter mit dem toten Kind, Angriff und Flucht, Leben und Tod. Immer wieder wird zwischen den Angreifern und den Angegriffenen hin und her geschnitten. Die Montage der Attraktionen fand hier mehrfach Anwendung. Der Zuschauer sieht am Anfang der Szene die Stiefel der Soldaten, dann die Gewehre, welche Schüsse abfeuern. In der nächsten Einstellung sieht man eine Frau, welche den Kopf vor- und zurückwirft. Beim Betrachter wird sofort das Bild hervorgerufen, dass diese Person von den Schüssen der Soldaten getroffen wurde.

Die Soldaten eröffnen das Feuer.

Einen besonderen Kontrast und somit Spannung schafft der Regisseur, indem er gegensätzliche Einstellungen und die damit verbundenen Einzelschicksale gegeneinander schneidet. So wird z. B. die Frau gezeigt, deren Kind getötet wurde und die die Treppe hinauf schreitet, im Anschluss die zaristische Armee, welche unaufhörlich und gnadenlos die Treppe hinab marschiert.

Abwärtsbewegungen der Soldaten kontra Aufwärtsbewegung der Frau mit dem tödlich getroffenen Kind.

Dieses Motiv wiederholt Sergej Eisenstein erneut, als er auf ein nächstes Einzelschicksal zoomt, diesmal eine Frau mit einem Kinderwagen, welche auf der Treppe stehen bleibt. Wieder sind gegensätzliche Bewegungen zu beobachten: das Hinabströmen der Menge, das langsame Vorrücken der Soldaten, die Frau im Stillstand mit dem Kinderwagen. Als die Frau vom tödlichen Schuss getroffen fast in Zeitlupe zusammenbricht, schiebt sie den Kinderwagen im Todeskampf ungewollt die Treppen hinab. Es sind auch diesmal die Bewegungen in Form des schnell an den fliehenden Bewohnern vorbeirollenden Kinderwagens und der immer noch langsam, aber unerbittlich voranschreitenden Soldaten, welche diese Szene trotz ihrer Länge spannend halten.

Frau sinkt getroffen zu Boden und stößt dabei den Kinderwagen die Treppe hinab.

Durch das Verwenden der Attraktionsmontage ruft all das beim Zuschauer Emotionen hervor. Wem dabei welche Rolle zugeschrieben wird, liegt im Auge des Betrachters, wobei Eisensteins Absicht jedoch eindeutig die „gute Bevölkerung" und die „schlechten zaristischen Soldaten" gewesen sein dürfte. Als die Bevölkerung fast eingekesselt ist und der Zuschauer sich nichts sehnlicher wünscht, als dass die Bevölkerung entkommt, nutzt Eisenstein genau wie bei der Szene „Klage am Leichnam Wakulintschuks" ein Überraschungsmoment. Dieser wird durch das Einschlagen der Kanonenkugel als auch durch die sich erhebenden Löwen erreicht.

2.6 Lernfeldübergreifendes Arbeiten und Themenwahl

Das Projekt Filmanalyse entstammt dem Lernfeld der kulturell-kreativen Kompetenzen und dem gezielten Arbeiten mit Medien sowie dem Fach Deutsch. Auch hier sei als erstes auf die geltenden Lehrpläne des Freistaates Sachsen bzw. der übrigen Bundesländer verwiesen (vgl. Kapitel 2 Fotoprojekt, Lernfeldübergreifendes Arbeiten und Themenwahl).

Hier bietet sich für das Fach Medien zuerst die Kooperation mit dem Deutsch-Unterricht an. Ausgehend von der Lektüre und ihrer Interpretation könnte im Anschluss die entsprechende Literaturverfilmung gezeigt und analysiert werden. Dabei sind die Schwerpunkte für beide Fächer unterschiedlich gelagert. Medienarbeit befasst sich mit allen

Themen, die Film an sich betreffen, das Fach Deutsch konzentriert sich z. B. auf sprachliche Ausdrucksmittel.

Außerdem können im medienspezifischen Lernfeld filmische Grundlagen wie z. B. Gestaltungsmittel theoretisch erarbeitet und anhand eines ausgewählten Films nachvollzogen werden. Andere Lernfelder könnten anhand ihrer spezifischen Inhalte beratend zur Seite stehen und somit die Analyse des Films fachkompetent unterstützen. Für den Teilbereich der Musik betrifft dies z. B. Einsatz und Wirkung von Musik bzw. der Vertonung insgesamt. Der Mathematikunterricht kann bei der statistischen Auswertung der Fragebögen zu den Film- und Fernsehgewohnheiten und zu den aus der Sichtung des Films gewonnenen Eindrücken behilflich sein.

Für die Auswahl des Filmes oder der Fernsehserie gilt sowohl der Grundsatz der Teilnehmer- und Interessenorientierung als auch die Altersfreigabe der Filme durch die Freiwillige Selbstkontrolle der Filmwirtschaft (FSK) im Sinne des Gesetzes zum Schutz der Jugend in der Öffentlichkeit (JÖSchG). Eine angemessene Motivation für eine Filmanalyse lässt sich nur durch die Verwendung von Themen aus der Erfahrungswelt der Kinder und Jugendlichen realisieren. Bei der Filmanalyse im Unterricht sollten unterrichtsrelevante Inhalte ausgewählt werden. Auf diese Weise kann auch die Erarbeitung eines weniger interessanten Themas methodisch spannend aufbereitet werden, z. B. bei der Analyse von Literaturverfilmungen.

Im vorliegenden Projektbeispiel wurde der Filmtitel „Panzerkreuzer Potemkin" vorgegeben. Folgende Gründe sprachen für diese Entscheidung: Die Schüler hatten vorher eine theoretische Einführung in die filmischen Grundlagen von Schnitt und Bildgestaltung erhalten. Das ausgewählte Filmbeispiel, ein Stummfilm in Schwarz-Weiß ohne gesprochene Sprache, aber mit musikalischer Untermalung, eignet sich hervorragend für die Analyse, weil es nicht effektüberladen wie z. B. heutige Kinofilme und damit leichter zu untersuchen ist. Die Schüler konnten sich besser auf die Bilder und Montagetechniken konzentrieren und gewannen am Ende die Erkenntnis, dass diese Techniken vom Regisseur Sergej Eisenstein zwar zum ersten Mal beim Film verwendet wurden, sich aber bis heute nicht verändert haben, abgesehen von den Neuerungen bei Farbe, Ton und Effekten.

Eine Kooperation ergab sich vor allem innerhalb des Lernfeldes „Kulturell-kreative Kompetenzen weiterentwickeln und gezielt mit Medien arbeiten". Im Teilbereich „Musikalische Ausdrucksmöglichkeiten" wurde die musikalische Untermalung der von den Schülern analysierten Szenen auf ihre Wirkung und den Einsatz der verschiedenen Instrumente hin untersucht. Auch mit der Lehrkraft des Bereiches „Gestalterische Ausdrucksmöglichkeiten" konnte eine Zusammenarbeit im Hinblick auf den goldenen Schnitt als bildnerischem Gestaltungsmittel erfolgen. Die Schüler absolvierten hier die theoretische Einführung sowie Übungen zu diesem Thema, bevor sie ihre Kenntnisse in der Filmanalyse auf die einzelnen Szenen anwandten. Gestik und Mimik als sprachliche Mittel konnten durch das Gebiet „Sprachliche Ausdrucksmöglichkeiten" vermittelt und anschließend im Film analysiert werden. Das Lernfeld „Pädagogische Beziehungen gestalten und Gruppenprozesse begleiten" hatte einen weiteren inhaltlichen Anteil an der Filmanalyse. Unter Einbeziehung der Lehrplanthemen „Werte und Normen als Orientierungshilfe" sowie „Werteerziehung und moralische Entwicklung" konnten die im Film gezeigten Gegensätze zwischen Arm und Reich, den wehrlosen unterdrückten Bürgern und der gewaltbereiten Zarenarmee analysiert werden. Alle Teilergebnisse wurden abschließend zusammengefügt und in jedem der Lernfelder bzw. Teilbereiche noch einmal inhaltsspezifisch ausgewertet.

2.7 Methodische Hinweise zur Umsetzung des Projekts in der sozialpädagogischen Praxis

Obwohl jeder Mensch einen Film ganz individuell wahrnimmt, ihn bewertet und für sich reflektiert, sollte man eine Filmanalyse in Gruppenarbeit durchführen. Es entsteht ein reger Austausch von Ideen und Ansichten, die zusammengeführt eine ganz neue Sicht auf einen Film vermitteln können. Durch die Möglichkeit des Absprechens und Diskutierens wird die Analyse interessanter. Doch nicht nur das multiperspektivische Arbeiten und die möglicherweise gesteigerte Motivation zählen als Argumente für eine Gruppenarbeit. Auch die Vielschichtigkeit der Analysemöglichkeiten und ihre enge Verknüpfung untereinander, durch die das Gesamtwerk Film ja erst entsteht, sind in einer Einzelarbeit kaum zu überschauen und bewältigen.

Die für die Filmanalyse benötigten Materialien wie z. B. Film- bzw. Sequenzprotokoll, Einstellungslisten, musikalische und inhaltliche Analysebögen etc. sollten schon vorbereitet und in ausreichender Anzahl kopiert sein. Diese formalen Vorgaben müssen auch unbedingt vom Erzieher bzw. Lehrer erstellt werden, denn den Schülern bzw. Projektteilnehmern mangelt es an Erfahrung, welche Aspekte bei einer Filmanalyse Beachtung finden können, so dass sie selbst derartige Protokolle mit den entsprechenden Parametern nicht erstellen könnten.

2.7.1 Das Grundschulalter (sieben bis zehn Jahre)

Eine Filmanalyse im Grundschulalter soll den Kindern erste Erfahrungen mit dieser Form der Auseinandersetzung mit dem Medium Film bieten. Viele Grundschüler sehen im Fernsehen Trick- und Vorabendserien, weshalb diese einen guten Einstieg ermöglichen. Die Kinder schauen überwiegend dieselben Serien, haben also denselben Hintergrund an Informationen zu Figuren und Handlungen und erkennen die Titelmusik. Zudem lassen sich Serien aufgrund der Kürze der Episoden besser im Unterricht oder in der Freizeitgestaltung zu Analysezwecken einsetzen. Ziel des Ganzen ist dabei die Förderung des Verständnisses für Zusammenhänge in Film und Fernsehen, in keinem Fall aber das Forcieren von Fernsehgewohnheiten durch das Füllen von Unterrichts- oder Spielzeit mittels Filmen.

Um die Interessen und Vorlieben der Kinder herauszufinden, sollte man an den Anfang einen Fragebogen zur allgemeinen Mediennutzung, zu Lieblingsserien und -helden stellen. Anhand der Auswertung des Fragebogens lassen sich nicht nur Art und Häufigkeit der Mediennutzung, sondern auch generelle Medienerfahrungen ablesen. Parallel dazu sind Schlüsse über die Form der Bewältigung von Alltagsproblemen des einzelnen Kindes möglich, denn mögliche Lösungen werden häufig in den Kinderserien vorgelebt. „Dinosaur King", im frühen Nachmittagsprogramm zu sehen, setzt dabei auf die gewalttätige Auseinandersetzung und Konfliktlösung, während sich die Serie „Pokemon" gleich im Anschluss daran um trickreiche und kooperationsbedingte Lösungsstrategien bemüht. Beide Serien sind bei Grundschülern gleichermaßen beliebt, wobei das Pokemon-Fieber Kinder in Deutschland seit 1999 in Atem hält. Diese Unterschiede in der pädagogischen Qualität der Sendungen könnten ein Ansatzpunkt zur Analyse und zum Vergleich sein. Für die Grundschüler könnte man z. B. die Fragen aufwerfen, wie die einzelnen Charaktere handeln, welche Körpersprache sie verwenden und welche Bedeutung moralische Werte wie Freundschaft, Achtung und Toleranz haben. Derartige Fragestellungen lassen sich auf alle Serien, aber auch Kinderfilme, übertragen. Für eine komplette Analyse sind Kinderfilme jedoch zu lang. Zudem kann man nicht davon ausgehen, dass jedes Kind diesen Film im Kino oder zu Hause auf Video bzw. DVD gesehen hat. Eine Vorauswahl prägnanter Sequenzen bietet hier eine gute Alternative. Der Film wird so auf das Wesentliche reduziert.

Bei einer Filmanalyse mit Grundschülern empfiehlt es sich immer sehr anschaulich zu arbeiten. Nach dem ersten Anschauen des Mediums sollte man die Kinder die Story nacherzählen lassen um sicher zu gehen, dass die Handlung im Groben verstanden wurde. Im Anschluss kann man die Kinder eine prägnante oder Lieblingsszene sowie eine Lieblingsfigur oder den Helden der Geschichte zeichnen lassen. Die Kinder erhalten damit die Möglichkeit sich noch einmal in den Film oder die Serie zurückzuversetzen und ihren ersten Eindruck kreativ darzustellen. Gleichzeitig wird ihnen so vermittelt, dass sie nicht nur passive Konsumenten des Mediums Film sind, sondern sich selbst aktiv mit dem gezeigten auseinandersetzen können. Auch die Umsetzung im Rollenspiel, z. B. von Schlüsselszenen, gibt den Kindern ein besseres Gefühl für die Handlung und die Charaktere. Beim Rollenspiel sollte eine Kamera zum Einsatz kommen, welche das von den Schülern gespielte Resultat einfängt und so den direkten Vergleich mit der Szene aus dem Film ermöglicht. Auf diese Weise lässt sich die Medienwirkung für die Kinder gut nachvollziehen, wie die Person sich in dieser Situation fühlt, warum sie auf diese und keine andere Weise handelt.

2.7.2 Ältere Kinder und Jugendliche (ab elf Jahren)

Untersuchungen von FLIMMO, einem gemeinnützigen Verein „Programmberatung für Eltern e.V." zum Film- und Fernsehkonsum ihrer Kinder, haben ergeben, dass gerade in der Übergangsphase zwischen Kindheit und Jugend in den einzelnen Altersstufen die Vorlieben bei Film und Fernsehen stark differieren.

Fernsehen zwischen Kindheit und Jugend – Sendungs- und Senderrepertoire der Kinder

„Das Spektrum der Lieblingssendungen von Heranwachsenden im Alter zwischen neun und 14 Jahren ist groß: Bei ihnen stehen Zeichentricksendungen (z. B. *SpongeBob*) ganz vorne im Fernsehmenü, gefolgt von Daily Soaps (z. B. *GZSZ*), Spannungsserien (z. B. *Alarm für Cobra 11*). Aber auch Comedy- und Sitcom-Formate und Sendungen, die dem Genre Reality-TV (wie z. B.

Ermittler- und Gerichtsshows à la *Lenßen & Partner*) zuzuordnen sind, sind bei den Kindern beliebt. Bei den Lieblingssendungen fallen die Kriterien Geschlecht, Alter sowie Migrations- und Bildungshintergrund ins Gewicht. So scheiden sich gerade an den Spitzenreitern Soap und Zeichentrick die Geister: Bei Soaps schalten vor allem die älteren Mädchen ein, sie haben keinen Migrationshintergrund, aber einem hohem Bildungshintergrund. Gerade Themen wie Liebe und Freundschaft machen GZSZ und Co. attraktiv für die Mädchen.

Ein etwas anderes Bild zeichnet sich bei Zeichentrickserien ab, hier haben deutlich mehr zusehende Kinder einen Migrations- sowie einen niedrigen/mittleren Bildungshintergrund. *SpongeBob* und *Die Simpsons* versprechen den heranwachsenden Fans Witz, Kämpfe bzw. Siege der Guten verheißen Zeichentrickserien wie *Dragon Ball GT*. Des Weiteren sind für die befragten Mädchen und Jungen Spannung und der Blick ins ‚echte Leben‘ – wie es *Lenßen & Partner* oder *Freunde – das Leben geht weiter* – angeblich vermitteln – ausschlaggebend, eine solche Sendung zu ihren Favoriten zu zählen. [...]

Kindersender sind nicht für alle Neun- bis 14-Jährigen von Belang. Wie zu erwarten war, stehen die Kindersender (die Favoriten sind SuperRTL und KI.KA) bei den Jüngeren mit fast zwei Drittel der Befragten (65 Prozent) höher im Kurs als bei den Älteren (54 Prozent). Letztere haben sich bereits von den Sendern zum Teil verabschiedet – „Ich bin irgendwie zu alt und die Sendungen gefallen mir nicht mehr", meint z. B. eine Zwölfjährige – oder beschränken sich nur noch auf wenige Angebote, wie die dreizehnjährige Tina: „Es gibt ein paar Serien, die ich bei KI.KA interessant finde. Aber Kindersender habe ich eher früher geschaut." Umgekehrt verhält es sich mit den jugendaffinen Musiksendern: die finden bei den Jüngeren mit knapp zwei Dritteln (65 Prozent) weniger Anklang als bei den Älteren (86 Prozent). Einer der Hauptbeweggründe ist neben der Musik auch die Erwartung, die Stars zu sehen, für die die Betreffenden schwärmen. Thematische Sendungen wie *Pimp my Ride*, werden vergleichsweise selten als Grund genannt. [...]

Begründungen der Präferenzen

Ihre Vorlieben begründen die Heranwachsenden mit der Attraktivität von Humor und Spannung, aber auch mit für sie wichtigen Themen. Zeichentrickserien sind wegen ihres Witzes beliebt, aber auch die Kämpfe und die Siege der ‚Guten‘ machen dieses Genre attraktiv. Für einige Jungen gibt die optische Gestaltung der Figuren den Ausschlag. An Soaps und Telenovelas gefallen die Themen Liebe und Freundschaft. Daneben ziehen die unterbrochenen Spannungsbögen ihr Publikum in den Bann und wecken Neugier auf die Fortsetzung am nächsten Tag. ‚Es macht süchtig. Wenn man es einmal gesehen hat, muss man es immer sehen.‘ behauptet z. B. die vierzehnjährige Levke. Spannung bieten Krimi- und Actionserien reichlich, was die jungen Fans schätzen. Die Aufklärung von Verbrechen und die Bestrafung der Bösen werden mit Genugtuung aufgenommen. ‚Dass die Verbrecher gefangen werden‘, ist z. B. der zwölfjährigen Selma an ihrer Lieblingsserie *CSI Miami* sehr wichtig. Die Behauptung der Realityshows und -soaps, das echte Leben zu zeigen, ist für ihre Fans ein gewichtiges Argument. Während die Kriminalfälle der Ermittler- und Gerichtsshows geschätzt werden, weil sich ihr Publikum Spannung, Action und Einblicke in die Ermittlungsarbeit von Polizei und Staatsanwaltschaft erhofft – in einige Fällen mit den eigenen Berufswünschen begründet –, wollen die Anhänger der Reality-Soaps reale soziale Beziehungen studieren, seien es nun Freundschaften oder das Familienleben. [...]"

(FLIMMO, 2006, gekürzt und verändert)

Für das Projekt der Filmanalyse sollte man sich also auch hier zuerst mittels eines Fragebogens über die Fernsehgewohnheiten und Vorlieben informieren. In alters- und geschlechtsgemischten Gruppen könnte sich aufgrund der Vielfalt der Lieblingssendungen das Problem ergeben, einen Konsens für das letztendlich zu analysierende Medium zu finden. Mit Kinofilmen sollte dies vermutlich leichter zu bewerkstelligen sein. Nach der ersten Filmbetrachtung kann ein weiterer Fragebogen zum Einsatz kommen um die spontane und individuelle Rezeption der Jugendlichen systematisch zu erfassen. Die schriftlichen und anonymen Schülerantworten sind gründlicher als eine Befragung in der gesamten Gruppe, da auch weniger redegewandte Schüler zur Meinungsäußerung gebracht werden. Die Auswertung dieser ersten Ergebnisse, zusammengefasst und z. B. auf Flipchart sichtbar gemacht, dient dabei als Einstieg in die eigentliche Analyse. Schon hier können sich Ansatzpunkte für eine Diskussion zum Film ergeben, die durch gezielte Fragestellungen zur schauspielerischen Leistung, Gestaltungsmitteln, dem Zusammenspiel von Bild und Ton, den Eigenheiten des Regisseurs oder der Handlung im Allgemeinen zur Analyse wird. Eine Aufteilung in Kleingruppen, die sich mit den verschiedenen Aspekten des Films beschäftigen, ist sinnvoll. Wenn jedes Team seinen Auftrag erhalten hat, sollten entsprechend der zu untersuchenden Fragen Kriterien entwickelt werden, welche beim zweiten Anschauen des Films eine Beantwortung erleichtern. Mit anderen Worten, jedes Team erstellt mithilfe der pädagogischen Fachkraft ein eigenes Protokoll. Anschließend werden die Ergebnisse in der Kleingruppe ausgewertet und erste Erkenntnisse und Schlussfolgerungen schriftlich festgehalten. Ein Treffen mit der gesamten Gruppe zum Austausch der Zwischenergebnisse kann jetzt sehr hilfreich sein, da evtl. Fragen aufgeworfen wurden, die nur im Zusammenhang mit den anderen Gruppen geklärt werden können. Wie bei den Grundschülern können auch bei Jugendlichen Rollenspiele zur intensiveren Bearbeitung einzelner Szenen oder Charaktere hilfreich sein. Auch Arbeitsaufträge, die mit dem eigenen Erfahrungshorizont in Verbindung stehen, z. B. die Analyse der Eltern-Kind-Beziehung oder Freundschaften zwischen Mädchen und Jungen können bei der Aufarbeitung von Rollenverhalten, Konflikten oder Lösungsansätzen helfen. Im Anschluss schaut man den Film ein drittes Mal an, einerseits um die Erkenntnisse der Einzelgruppen nachzuvollziehen, andererseits um bisher ungelöste Problemstellungen unter die Lupe zu nehmen. Auch hier ist ein Protokoll wieder sinnvoll, allerdings sollten alle bisher erarbeiteten Aspekte vorher eingefügt werden um während der Rezeption schnell ergänzen oder korrigieren zu können. Nach einer weiteren Auswertung in den Kleingruppen erfolgt eine abschließende Zusammenkunft aller zur endgültigen Zusammenführung der Analyseergebnisse. Das sich hieraus ergebende Gesamtbild des Films wird großformatig in einer Übersicht festgehalten und dient später der Präsentation der Filmanalyse und für eventuelle weitere Analysen als Anschauungsmaterial.

2.8 Weiterführende Literatur

- Munaretto, S., Palmowski, S.: Königs Lernhilfen - Wie analysiere ich einen Film? Bange Verlag, 2. Auflage, 2009.

- Volk, S.: EinFach Deutsch - Unterrichtsmodelle: Filmanalyse im Unterricht. Verlag Schöningh im Westermann, 2004.

- Beicken, P.: Literaturwissen für Schüler. Wie interpretiert man einen Film? Für die Sekundarstufe II. Reclam, 2004.

- Faulstich, W.: Grundkurs Filmanalyse. UTB, 2. Auflage, 2008

- Hickethier, K.: Film- und Fernsehanalyse. Metzler, 4., aktual. und erw. Auflage, 2007.

- Korte, H., Drexler, P. (Hrsg.), Rodenberg, H.- P. (Hrsg.), Thiele, J. (Hrsg.): Einführung in die Systematische Filmanalyse: Ein Arbeitsbuch. Verlag Erich Schmidt, Berlin, 3. Auflage, 2004.

- Bienk, A.: Filmsprache - Einführung in die interaktive Filmanalyse. Schüren Verlag, Neuauflage, 2008.

- Hildebrand, J.: Film. Ratgeber für Lehrer. Aulis Verlag Deubner, 2. aktual. Auflage, 2006.

- Kamp, W., Rüsel, M.: Vom Umgang mit Film. Cornelsen/Volk und Wissen, 1998.

- Schröter, E.: Filme im Unterricht: Auswählen, analysieren, diskutieren. Beltz, 2009.

- Steinmetz, R., Wöhler, H.: Filme sehen lernen - Grundlagen der Filmästhetik mit DVD. Zweitausendeins, 2003.

- Steinmetz, R.: Licht, Farbe, Sound: Filme sehen lernen 2 mit Originalsequenzen von Bresson bis Fassbinder und Spielberg (DVD). Studio Zweitausendeins.

- Klant, M., Spielmann, R.: Grundkurs Film 1: Kino, Fernsehen, Videokunst. Materialien für die Sek I und II. Schroedel, 2008.

- Klant, M.: Grundkurs Film, DVD 1 : Filmzitate, Dokumentationen, Interaktive Filmschule, DVD-ROM/-Video. Studio Schroedel, 2009.

- Klant, M., Spielmann, R.: Grundkurs Film 2. Materialien für die Sekundarstufe 1 und 2: Filmkanon, Filmklassiker, Filmgeschichte: Materialien für die Sek I und II. Schroedel, 2010.

- Klant, M., Spielmann, R.: Grundkurs Film. Portfolio: Aspekte der Filmanalyse: Schwarzfahrer von Pepe Danquart. Schroedel 2010.

3   Projekt Kurzfilm

Schon lange hat die Filmindustrie Kinder und Jugendliche als eine große Zielgruppe für sich entdeckt, weshalb Kinder in der heutigen Zeit immer häufiger und früher mit dem Medium Film in Berührung kommen. Um die jüngste Generation auch in diesem Bereich medienpädagogisch zu begleiten und zu schulen, lohnen sich ein Blick hinter die Kulissen und damit der Weg hinter die Kamera. Dabei muss unterschieden werden zwischen der Dokumentation einrichtungsinterner Ereignisse wie Feste, Theaterproben und -aufführungen, der Beobachtungsdokumentation und dem Drehen eines (Kurz-)Films nach vorgegebenem Drehbuch. Dokumentationen mit der Kamera werden in nahezu allen Einrichtungen erstellt, und jeder, der sich den Umgang mit einer Videokamera zutraut, kann dies im Grunde tun. Dass die entstandenen Ergebnisse dann häufig nach einmaligem Anschauen auf der Festplatte des PC oder auf der Videokassette unbeachtet bleiben, liegt nicht selten an der Qualität der filmischen Umsetzung. Die lebendige Gestaltung, z. B. durch das Verwenden verschiedener Einstellungsgrößen, Schnittfolgen oder eine passende Vertonung, erfordert wenige Grundkenntnisse und ein bisschen Übung. Bei der Erstellung eines Kurzfilms können sowohl Erzieher als auch Kinder und Jugendliche diese Fähigkeiten gut üben, gleichzeitig erfahren die zuletzt Genannten bei einem Kurzfilmprojekt viele Hintergrundinformationen zu den Abläufen bei Film und Fernsehen. Vor allem für Kinder ist die Einsicht bedeutsam, dass Film etwas Geplantes und nach Vorgaben Umgesetztes ist und nicht die Realität darstellt. Es erfolgt also besonders ein Lernen im medienkritischen und medientechnischen Bereich. Über den Plan zum Film, sprich Idee, Drehbuch und Drehplan, können sich die jungen Filmemacher zudem mit der Wirkung ihres Werkes auseinandersetzen und somit ihre medienpädagogische Kompetenz weiterentwickeln.

Da die Dokumentation aufgrund ihrer Gebundenheit an die Geschehnisse aus medienpädagogischer Sicht weniger ergiebig ist und das Drehen eines Spielfilmes sowohl aus entwicklungspsychologischer Sicht als auch aus der zeitlichen Begrenzung der Projektphase heraus ungeeignet wäre, wird sich dieses Kapitel besonders mit der Form des Kurzfilms beschäftigen. Die Inhalte der einzelnen Abschnitte lassen sich aber auch auf die Dokumentation übertragen. Einziger Unterschied bleibt, dass bei einer Dokumentation trotz Drehbuch immer die Ereignisse vor der Kamera bestimmend sind.

3.1 Zielstellung

Das Medium Film ist in seiner Wirkung auf Kinder bei Pädagogen stets sehr umstritten. Fakt ist jedoch, dass Kinder heute mit dem Fernsehen und damit auch dem Film genauso natürlich aufwachsen wie mit Büchern. Die Diskussion über Kinder und Fernsehen bzw. Film entzündet sich vor allem an der Qualität von Kindersendungen und -filmen, welche von „empfehlenswert" bis „aus pädagogischer Sicht nicht vorführbar" reicht. Umso wichtiger ist es, Kinder an dieses Medium auch von der Seite der Herstellung heranzuführen und Kinderideen in einem Kurzfilm umzusetzen und nicht von Erwachsenen erdachte Themen, die bei Kindern evtl. gut ankommen könnten. Dadurch wird ein selbstbewusster und selbstbestimmter Umgang mit Medien besonders gefördert.

Ein Film, egal ob Kurzfilm, Spielfilm oder Dokumentation, interessiert durch die Kombination schnell wechselnder Bilder und Sprache bzw. Musik jedes Kind. Über die Bilderflut eröffnet sich dem Zuschauer eine Ansicht der realen Welt, z. B. in Dokumentationen, oder fantasievolle Geschichten lassen die Wirklichkeit für kurze Zeit in den Hintergrund treten. Besonders Kinder lassen sich gern in solche Fantasiewelten entführen, die zwar während der Rezeption keinen Spielraum für die eigene Fantasie lassen, aber im Nachhinein von den Kindern gern als Spielthema aufgegriffen und mit persönlichen Vorstellungen bereichert werden. Dokumentationen ermöglichen es den Kindern, Teile ihrer Umwelt kennen und verstehen zu lernen. Die Auseinandersetzung mit den Bildern und Inhalten erfordert kognitive Leistungen und regt zum Sprechen an. Eltern und Erzieher stehen in großer Verantwortung, wenn es um die kindgerechte Auswahl von Fernsehinhalten geht. Filme und Sendungen zur Wissensvermittlung sehen sich dabei einer starken Konkurrenz aus actionreichen Comicserien gegenüber. Nicht immer sind Werte und Normen auf den ersten Blick erkennbar, oft werden sie durch bunte Bilder und die musikalische Untermalung in den Hintergrund gedrängt.

Im Folgenden sind anhand der Bildungsbereiche des Sächsischen Bildungsplanes mögliche Zielstellungen aufgelistet, welche man mit Kindern bei der Herstellung eines (Kurz-) Films erreichen kann. Abhängig von Alter und gewählter Thematik sind diese Ziele entsprechend zu formulieren.

Bildungsbereiche	Zielstellungen
Somatische Bildung	• Die Kinder üben verschiedene Körperhaltungen, Gesten sowie Mimik und verfolgen deren Wirkung am Bildschirm.
	• Die Kinder gewinnen Selbstvertrauen beim Auftreten vor der Kamera.
	• Die Kinder erlernen den verantwortungsvollen Umgang mit dem Medium Film/Fernsehen und dosieren ihren Medienkonsum zugunsten der eigenen Spielzeit.
Soziale Bildung	• Die Kinder arbeiten gemeinsam an der Idee Kurzfilm.
	• Sie üben sich in demokratischen Prozessen zur Entscheidungsfindung.
	• Sie wechseln sich in den einzelnen Arbeitsschritten ab und helfen sich gegenseitig.
	• Sie üben sich in der Einnahme verschiedener Rollen und ihrer schauspielerischen Umsetzung.
	• Sie trainieren den Umgang mit Erfolg und Misserfolg sowie den Einsatz von sachlichem Lob und Kritik.

Bildungsbereiche	Zielstellungen
Kommunikative Bildung	• Die Kinder üben sich in der Einhaltung von Gesprächsregeln bei den Teambesprechungen zur Projektumsetzung. • Sie trainieren ihre Aussprache bei der Umsetzung von Sprechrollen. • Sie erweitern ihren Wortschatz und trainieren Grammatik sowie Ausdruck bei der Gestaltung von Dialogen. • Sie erforschen die Ausdrucksfähigkeit ihrer Mimik und Gestik. • Sie erlernen das Formulieren konkreter Handlungsanweisungen und Erwartungen.
Ästhetische Bildung	• Die Kinder erlernen den Umgang mit einer Videokamera. • Sie lernen Videobearbeitungssoftware kennen. • Sie üben sich im Finden passender Bildausschnitte und Hintergründe. • Sie erweitern ihr Gefühl für Farb- und Formgestaltung, z. B. bei der Auswahl von Kostümen. • Sie werden sich der emotionalen Wirksamkeit von Bildern in Kombination mit Musik bewusst. • Sie lernen die verschiedenen Wirkungsweisen von Musik intensiver kennen und setzen diese passend zu den Bildausschnitten ein.
Mathematische Bildung	• Die Kinder entwickeln ihr Zeitgefühl weiter durch die Untergliederung des Filmes in Szenen und die künstlich begrenzte Aufnahmefähigkeit einer Videokassette. • Sie verfeinern ihr Gefühl für Größenverhältnisse.
Naturwissenschaftliche Bildung	• Die Kinder erkennen Zusammenhänge der Optik und Akustik.

3.2 Theoretische und technische Grundlagen

Für das Projekt Kurzfilm benötigen Sie folgendes:
• Eine gute Idee und ein wenig Zeit,
• einen Camcorder, eine Videokamera oder eine Digitalkamera mit Filmfunktion,
• einen Computer,
• eine geeignete Schnitt- bzw. Bildbearbeitungssoftware und
• Aufzeichnungsmedien wie DV- Bänder, DVD o. Ä.

3.2.1 Theoretische Grundlagen

Gerade beim Erstellen von eigenen Filmprojekten ist es notwendig, sich vorher einige theoretische Grundlagen anzueignen, denn eine bloße Aufnahme mit der Kamera macht noch keinen Film. Obwohl sich dieses Kapitel mit der Sonderform des Kurzfilms befasst, gelten doch dieselben Voraussetzungen wie bei einem Spielfilm. Eine genaue Planung und Dokumentation, z. B. in Form eines Drehbuchs oder Storyboards sind unerlässlich, sowohl um alle Abläufe klar zu strukturieren und unnütze Arbeit zu ersparen als auch um das am Ende gewünschte Ergebnis und besonders die Aussage des Films herauszubekommen. Dabei ist es notwendig, sich mit Begriffen wie Einstellung, Szene und Akt, aber auch Einstellungsgrößen auseinanderzusetzen. Ohne die Anwendung dieser gestalterischen Mittel verkommt der geplante Film zur langweiligen Handlungsabfolge.

Einstellung, Szene und Akt

Einstellung

Die Einstellung gilt im Film als kleinste Einheit. Betrachtet man dies von der technischen Seite, kann man auch sagen, die Einstellung beginnt ab dem Zeitpunkt, an dem der Aufnahme-Knopf an der Kamera betätigt wurde und endet mit dem Ab- bzw. Ausschalten der Kamera.

> *Definition*
> *Eine Einstellung ist ein Stück Film mit bestimmter Länge, welches ohne Unterbrechung aufgenommen wurde.*

Später im Videoschnitt ist es dann möglich, diese Einstellungen zusammenzufügen, hier kann man die Reihenfolge noch verändern und somit dem Film eine völlig neue Aussage geben.

Szene

Eine Szene kann mehrere Einstellungen beinhalten. Sie kann einen Zusammenhang von Zeit, Ort und Figuren haben.

> **Aufgabe**
>
> *Stellen Sie Szenen bekannter Filme nach. Achten Sie auf Mimik und Gestik der Schauspieler im Film und versuchen Sie diese nachzuahmen. Experimentieren Sie für dieselbe Szene mit Mimik und Gestik und analysieren Sie die unterschiedlichen Wirkungen.*

Akt

Der Ausdruck stammt aus dem Theater, wo ein Akt einen in sich geschlossenen Abschnitt der Handlung umfasst.

Die einzelnen Einstellungen und Szenen werden später beim Schnitt aneinandermontiert, hier kann die Reihenfolge des gefilmten Materials verändert werden und somit eine komplett neue Aussage des Films entstehen. Diesen Prozess nennt man Schnitt bzw. Montage (siehe Kapitel 2.2, S. 56).

Einstellungsgrößen

Nicht nur im Film werden Einstellungsgrößen verwendet, auch in der Fotografie, Malerei oder in Comics kommen sie zur Anwendung. Sie sind ein wichtiges bildgestalterisches Mittel und können so den eigentlichen Aussagewunsch einer Einstellung wesentlich unterstreichen. Außerdem ist das Kombinieren und Wechseln der Einstellungsgrößen ein wichtiges stilistisches Mittel. Um zu entscheiden, wie groß oder wie klein man ein bestimmtes Objekt oder eine Person darstellt, sollte man die gebräuchlichsten Größen kennen. Fast alle Filme orientieren sich an den klassischen Einstellungsgrößen. Diese wurden im Kapitel 2.2 (siehe S. 46ff.) bereits ausführlich beschrieben.

> **Aufgabe**
>
> *Experimentieren Sie mit verschiedenen Einstellungsgrößen und schneiden Sie das gefilmte Material zu einem kurzen Clip zusammen. Welche Einstellungsgrößen harmonieren besonders miteinander, wenn sie aufeinander folgen? Als Situation kann ein Dialog, eine Auseinandersetzung oder eine bestimmte Tätigkeit dienen.*

Trotz der Vorgabe der klassischen Einstellungsgrößen sollte man sich auch immer ein wenig von den Motiven und dem eigenen Gefühl für Ästhetik leiten lassen. Genau wie in der Malerei sollte es beim Film möglich sein die Handschrift des jeweiligen Künstlers/Kameramannes zu erkennen.

> **Aufgabe**
>
> *Halten Sie einen bestimmten Ablauf oder die Bewältigung einer bestimmten Aufgabe filmisch fest und kürzen Sie durch Schnitt auf drei Minuten, eineinhalb Minuten und eine Minute. Die Kernaussage soll erhalten bleiben.*
>
> *Für die Arbeit mit Schulkindern und Jugendlichen: Teilen Sie die Gruppe in Teams von zwei bis drei Personen. Jedes Team soll in einem dreiminütigen Film eine vorbestimmte Handlung darstellen, z. B. den Schulweg, eine Unterrichtsstunde oder die Freizeitgestaltung am Nachmittag.*

Schuss/Gegenschuss

Stehen sich in einem Western die beiden Duellanten gegenüber und die Kamera wechselt zwischen den Gesichtern der Beiden hin und her, spricht man vom Schuss/Gegenschuss. Am häufigsten findet man diese Technik der Filmmontage in Interview- oder Dialogszenen wieder. Wichtig ist dabei, dass sich die Kamera nur auf einer Seite, der Dialogachse bewegt.

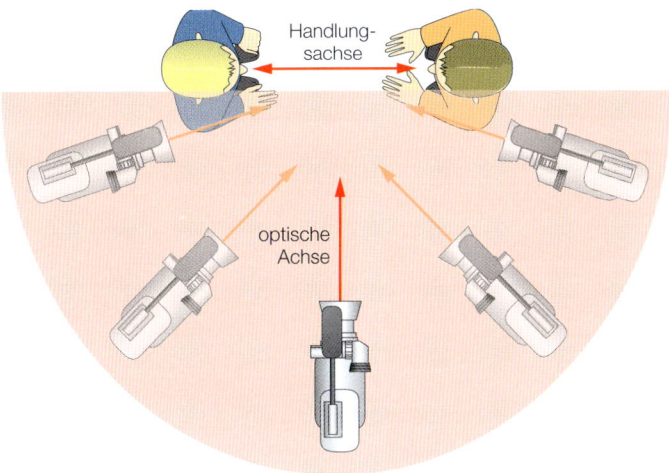

Typische Kamerapositionierung bei einer Dialogszene.

Eine typische Bildfolge einer Interview- oder Dialogsituation könnte also folgendermaßen aussehen:

Genauso wichtig wie das Beachten von Schuss und Gegenschuss ist das Variieren der Einstellungsgrößen bei Interview- oder Dialogszenen. So dient die erste Einstellung im oben gezeigten Beispiel der Orientierung und führt in die Szene ein. Man bekommt einen Überblick und erkennt, dass zwei Personen im Gespräch sind. Danach kann die Methode des Schuss/Gegenschuss angewandt werden. Die beiden Gesprächspartner werden abwechselnd in einer Halbnahen oder in einer Großaufnahme gezeigt. Um einen noch besseren Überblick über die Szene zu bekommen, wird häufig auch die Schulter bzw. ein Teil des Kopfes vom zuhörenden Gesprächspartner im Bildausschnitt gezeigt.

Weitere Variante von Schuss und Gegenschuss.

Achsensprünge vermeiden

Denkt man sich eine Linie, z. B. zwischen zwei Personen welche im Dialog stehen, so spricht man von der Handlungsachse (siehe S. 85). Beim Filmen eines solchen Dialogs sollte man sich vorher überlegen, auf welcher Seite der Achse man filmen möchte. Überspringt man mit der Kamera die Handlungsachse, kommt es dem Betrachter so vor, als tauschen die Personen optisch ihre Plätze. Hierbei spricht man vom Achsensprung. Durch eine gute Planung vor der eigentlichen Aufnahme lässt sich dieser häufige Filmfehler gut vermeiden.

Anschlussfehler vermeiden

Auch in vielen Hollywoodproduktionen finden sich häufig Anschlussfehler. Auf der englischsprachigen Internetseite www.moviemistakes.com, welche sich ausschließlich mit diesem Thema beschäftigt, können diese Fehler nachgelesen und anhand von Screenshots nachvollzogen werden. Dies zeigt, dass es sich hierbei nicht nur um Anfängerfehler handelt. Anschlussfehler entstehen dadurch, dass einzelne Einstellungen nicht immer chronologisch nacheinander aufgenommen werden. So kann es passieren, dass alle Einstellungen einer Szene, welche sich in einem Raum abspielen, an einem Tag abgedreht werden und alle Einstellungen, welche an einem bestimmten Ort im Freien stattfinden, am nächsten Tag gedreht werden. Bei einer solchen Vorgehensweise muss z. B. beachtet werden, dass die Personen an beiden Drehtagen die gleiche Kleidung tragen, die Frisuren gleich sitzen usw.

Erkennen Sie den Anschlussfehler?

Um einen Anschlussfehler handelt es sich auch bei folgendem Beispiel: Der Hauptdarsteller befindet sich in einem Raum und möchte diesen verlassen, vorher setzt er sich seinen Hut auf. In der nächsten Einstellung ist er im Freien zu sehen, allerdings ohne Hut.

Neben Anschlussfehlern gibt es noch weitere Fehlerquellen im Film: Bei filmtechnischen Fehlern sind häufig Filmutensilien wie Mikrofon oder Lichtequipment im Bild zu sehen. Die inhaltlichen Fehler werden meist schon beim Drehbuchschreiben erzeugt. So ist es z. B. wichtig, bei einem Film, welcher in der Vergangenheit spielen soll genau zu recherchieren, welche Kleidung damals getragen wurde, welche Ortsnamen es gab usw.

Quadratische und rechteckige Pixel

Aufgrund der verschiedenen technischen Eigenschaften von Computermonitor und Fernseher gilt es Folgendes beim Videoschnitt zu beachten. Da sich Fernseher aus rechteckigen und Computermonitore aus quadratischen Pixeln zusammensetzen, kann es bei der Darstellung von Grafiken immer wieder zu Verzerrungen kommen. Bearbeitet man also eine Grafik in einem Bildbearbeitungsprogramm mit den normalen Einstellungen der quadratischen Pixel, ist es möglich, dass diese Grafik beim Import ins Videoschnittprogramm verzerrt dargestellt wird.

Um diesen Fehler zu vermeiden, bieten moderne Bildbearbeitungsprogramme die Möglichkeit das Pixelseitenverhältnis und das Videoformat zu ändern. Man sollte sich also im Vorfeld darüber im Klaren sein, in welchem Format der fertige Film abgespeichert werden soll, ob er auf einem Fernseher im normalen PAL-/DV-Format geschaut wird oder der fertige Clip nur fürs Internet bzw. für das Betrachten am PC geeignet sein soll.

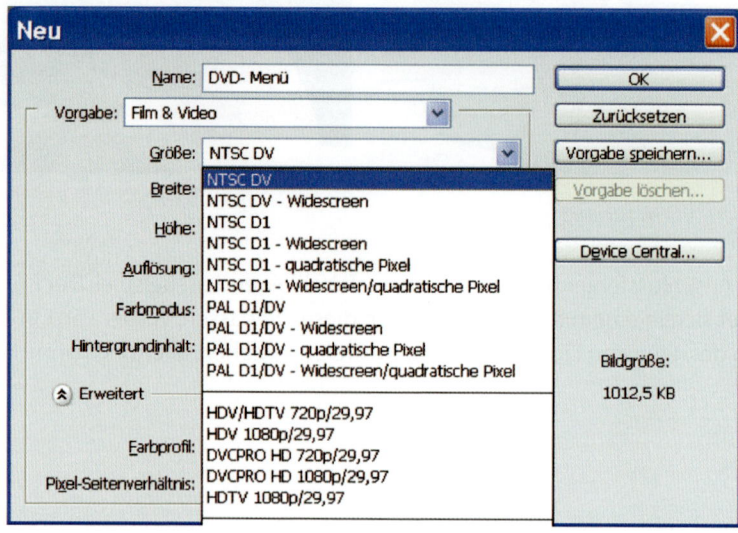

Wahl von Videoformat bzw. Pixelseitenverhältnis in Adobe Photoshop.

Meist bietet auch das Videoschnittprogramm die Möglichkeit, dieses Problem zu beseitigen. So kann man ein importiertes Bild, welches das falsche Seitenverhältnis hat, neu interpretieren. Im Videoschnittprogramm ist dies häufig durch Rechtsklick auf die jeweilige Datei zu erreichen, hier finden sich meist weitere Alternativen wie „Material an das Projekt angleichen" oder „neu interpretieren".

Title-Safe-Area

Eine weitere technische Eigenart ist, dass nicht alle Fernsehgeräte bzw. Beamer das übertragene Bild gleich darstellen. So kann es immer wieder vorkommen, dass ein Gerät etwas vom Bild abschneidet. Um dies zu vermeiden, sollte man sowohl bei der Aufnahme als auch beim Erstellen von Titeln oder grafischen Elementen die Title-Safe-Area beachten. Diese entspricht flächenmäßig etwa 90 Prozent des Original-Bildes. Häufig bieten Kameraoptionen und Bildbearbeitungsprogramm die Möglichkeit sich die Title-Safe-Area mithilfe eines kleinen Rahmens auf Monitor oder Display anzeigen zu lassen.

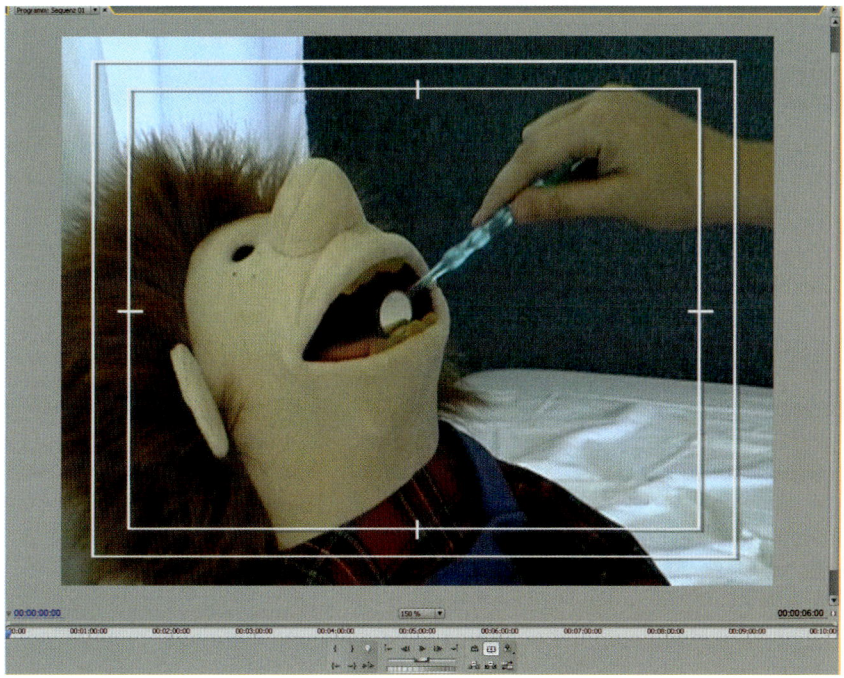

Eingeblendete Title-Safe-Area in Adobe Premiere Pro.

Alle relevanten Bildinformationen und grafischen Elemente sollten sich innerhalb dieses virtuellen Rahmens befinden, um ein gerätebedingtes Abschneiden dieser Elemente zu verhindern.

Grafische Elemente

Häufig werden beim Videoschnitt verschiedene grafische Elemente verwendet. Ein häufig anzutreffendes Element sind Bauchbinden. Das einfachste Beispiel für eine Bauchbinde ist der Name eines Moderators, welcher während einer Fernsehsendung meist unten am Bildschirmrand eingeblendet wird.

Benutzt man also Bauchbinden, Diagramme, Senderlogos, DVD- Menüs und andere Grafiken, muss man auf ein paar Besonderheiten achten. Nicht immer stellt ein Fernsehbildschirm, auf dem man evtl. das fertige Projekt betrachten will, das Videomaterial in gleicher Weise dar wie der Computerbildschirm.

Tipps

- *Sehr starke Farbkontraste vermeiden, da es sonst an den Rändern zu einem Flackereffekt kommen kann.*
- *Vollweiß ist genauso zu vermeiden wie Vollrot. Die bessere Wahl ist hier ein sehr helles Grau bzw. einen etwas abgeschwächten Rot-Ton zu verwenden. Bei Nichtbeachtung kann es auch hier dazu führen, dass auf dem Fernsehbildschirm ein Flackereffekt hervorgerufen wird.*
- *Waagerechte Linien sollten immer eine Mindestbreite von drei Pixeln aufweisen, da sie sonst nicht korrekt dargestellt werden. Genauso sollte man bei der Schriftwahl darauf achten, nicht zu dünne Schriften zu verwenden, da diese sonst wegbrechen und somit schwer oder im schlechtesten Fall überhaupt nicht mehr lesbar sind.*

3.2.2 Technische Grundlagen

Zur medientechnischen Grundausstattung nahezu jeden Haushalts und jeder Einrichtung gehört heute eine Videokamera. Der praktische Umgang mit all seinen Möglichkeiten ist jedoch den wenigsten vertraut. Schon mit kostengünstiger Technik ist heute vieles machbar, allerdings sei auch auf die möglichen technischen Schwierigkeiten hingewiesen, die z. B. durch mangelnde Kompatibilität von Kamera und Rechenleistung des PCs beim Schnitt und bei der Nachbearbeitung entstehen können.

Kamera

Durch die Vielfalt der auf dem Markt befindlichen Kameras und der speziellen Ausstattungsmerkmale ist es nicht immer leicht den Durchblick zu behalten. Camcorder, welche eher für den Hobbybereich gedacht sind, kann man teilweise bereits für unter 200 Euro erwerben. Bei einer professionellen Kamera dagegen muss man mehrere tausend Euro investieren.

Für den Neukauf einer Kamera ist es daher wichtig bestimmte Qualitätskriterien zu kennen, und sich folgende Fragen stellen:

Besitzt die Kamera ein auswechselbares Objektiv?

Das Wechseln bzw. Aufstecken eines zusätzlichen Objektivs kann die Qualität einer Kamera enorm verbessern. Gerade beim Filmen in kleinen Räumen kann mit einem Standardobjektiv meist nur ein kleiner Teil des Raums gefilmt werden. Schraubt man ein Weitwinkelobjektiv auf die Kamera, ist es möglich einen größeren Bereich des Raumes zu filmen. Neben dem Weitwinkelobjektiv spielen Teleobjektive, welche weiter entfernte Objekte vergrößern, und Makroobjektive, welche im Nahbereich ihre Stärken haben, eine wichtige Rolle. Ist ein Objektiv fest an der Kamera montiert, lohnt sich der Austausch bei Beschädigung meist nicht. Bei einem auswechselbaren Objektiv kann dies problemlos durch ein neues ersetzt werden.

Wie groß ist der optische Zoomfaktor?

Beim optischen Zoomfaktor handelt es sich um echten Zoom. Die Kamera vergrößert den jeweiligen Bildausschnitt und das ohne spürbaren Qualitätsverlust. Ganz anders sieht das beim Digitalzoom aus, welcher häufig von Kameraherstellern besonders beworben wird. Der Digitalzoom vergrößert einen bestimmten Bildausschnitt ähnlich der Lupenfunktion in einem Bildbearbeitungsprogramm, damit verschlechtert sich natürlich auch die Bildqualität. Das Bild verpixelt und wird somit unbrauchbar. Wichtig beim Kauf ist also der optische Zoomfaktor, der digitale ist zu vernachlässigen bzw. nicht zu beachten.

Hat die Kamera einen manuellen Modus?

Die meisten Kameras sind für den schnellen Gebrauch konzipiert, d.h. man schaltet die Kamera ein und filmt sofort los. Die Kamera regelt in diesem Fall die Fokussierung, Weißabgleich, Tonaussteuerung, Blende usw. automatisch. Häufig macht es aber Sinn, diese Einstellmöglichkeiten manuell zu regeln. Einfachstes Beispiel ist eine Schärfeverlagerung, welche man häufig als stilistisches Mittel im Film wiederfindet. Mittels einer manuellen Fokussierung, meist durch einen Drehring am Objektiv steuerbar, ist es möglich jedes Bildelement scharf zu stellen. Befinden sich zwei Personen im Bild, die eine im Hintergrund, die andere im Vordergrund, ist eine Schärfeverlagerung zwischen beiden möglich. Der Autofokus jedoch richtet sich immer nach der Bildmitte. Dieser Bereich wird von der Kamera automatisch scharf gestellt und damit ist eine gezielte Schärfeverlagerung hier nicht möglich. Kameramodelle mit einem gut zu bedienenden manuellen Modus sind häufig um einiges teurer als Modelle mit Automatik-Modus, bieten aber auch mehr Möglichkeiten der filmischen Gestaltung.

Schärfeverlagerung im manuellen Modus.

Welche Qualität und Größe sollen Sucher und Display haben?

Die meisten Camcorder besitzen sowohl Sucher als auch ein Display. Beim Display sollte man auf die Anzahl der Pixel achten, je höher diese ist, desto schärfer bzw. detailgetreuer wird das Motiv abgebildet. Auch ein großes Display kann von Vorteil sein, so ist es hier z. B. möglich, eine bessere Kontrolle über Blende und Schärfe zu haben. Die aufgenommenen Szenen können über das Display direkt abgespielt und kontrolliert werden. Trotz all dieser Vorteile darf man nicht vergessen, dass ein großes Display auch jede Menge zusätzlichen Strom verbraucht und damit die Aufnahmezeit verringert.

Im Gegensatz zum Display zeigt der altbewährte Sucher den Bildausschnitt meist exakter an. Die Konzentration richtet sich hierbei auch ausschließlich auf den Bildausschnitt, welcher gefilmt werden soll. Bei der Arbeit mit dem Display können Eindrücke und Reize aus der Umgebung die Aufmerksamkeit auf das zu filmende Geschehen beeinträchtigen.

Bei der Arbeit ohne Stativ bietet es sich an den Sucher zu nutzen, dadurch sind eher wackelfreie Aufnahmen möglich, weil die Kamera hier körpernaher geführt werden kann.

Wie ist das Gehäuse der Kamera beschaffen?

Gerade bei der Arbeit mit Kindern ist es wichtig, eine robuste Kamera mit stabilem Gehäuse zu haben. Weiterhin sollten die ergonomische Form, Größe und Gewicht immer in Verbindung mit dem Einsatzzweck gesehen werden. So ist es z. B. bei einem Projekt mit Kindern im Vorschulalter wichtig, dass das Gehäuse nicht zu schwer ist, es sollten nicht zu viel Bedienelemente an der Kamera vorhanden sein, da diese meist als verwirrend empfunden werden. Die Knöpfe und Schalter dürfen nicht zu dicht beieinander liegen, um von den Kindern während des Drehs bedient werden zu können. Ge-

Gehäuse einer semiprofessionellen Kamera und einer Hobbykamera.

nauso negativ machen sich extrem kleine Bedienelemente und Tasten bemerkbar. So kann ein Einstellen der Schärfe über sehr kleine Tasten anstatt über einen Ring am Objektiv die

Freude am Filmen leicht verderben. Auch verbergen sich wichtige Kameraeinstellungen häufig in den Untiefen einer umständlichen Menüführung, hier kann ein Touch-Screen vorteilhaft sein. Bei der Arbeit mit der Kamera im Erwachsenen- bzw. Jugendbereich gelten wiederum andere Regeln. Hier wird ein gewisses Gewicht der Kamera als angenehm empfunden, da es so einfacher möglich ist die Kamera auch ohne Nutzung eines Stativs ruhig zu halten. Das Aus-der-Hand-Filmen fällt so wesentlich leichter. Auch bietet eine Vielzahl an Bedienelementen meist den Vorteil, unkompliziert und schnell bestimmte Einstellungsmöglichkeiten der Kamera zu ändern.

Wie hoch ist die Akkulaufzeit und ist ein Ersatzakku vorhanden?

Nichts ist frustrierender, als einen Dreh wegen eines leeren Akkus unterbrechen zu müssen. Deshalb ist beim Neukauf darauf zu achten, dass ein entsprechender Ersatzakku und ein Ladegerät im Paket enthalten sind. Ein zusätzliches Ladegerät ist ein unentbehrlicher Helfer, denn hiermit ist es möglich, einen zur Neige gehenden Akku unabhängig von der Kamera zu laden und währenddessen mit dem geladenen Akku weiter zu arbeiten. Beim Kauf von Zusatzakkus sollte man sowohl die Ladezeit als auch die Kapazität bzw. Akkulaufzeit beachten.

> ### Aufgabe
>
> *Machen Sie sich mit der Ihnen zur Verfügung stehenden Kamera vertraut. Üben Sie das Einlegen der Datenträger sowie das Wechseln des Akkus. Probieren Sie mithilfe der Bedienungsanleitung verschiedene Einstellungsmöglichkeiten aus.*

Stativ

Verwackelte Kameraaufnahmen führen beim Zuschauer häufig dazu, den Film oder das Videomaterial als schlecht oder unprofessionell einzustufen. Zudem ermüden die Augen bei solchen Aufnahmen schneller und werden dadurch überlastet. Möchte man einen Camcorder oder eine Digitalkamera wackelfrei und sicher aufstellen, kommt man um die Verwendung eines Stativs nicht herum. Für jeden Einsatzzweck gibt es geeignete Stativarten, die gebräuchlichsten unter ihnen sind Drei- und Einbein-, Klemm- und Tisch- bzw. Ministative.

> ### Aufgabe
>
> *Stellen Sie die Kamera auf ein Stativ. Üben Sie Schwenks und langsames Zoomen. Testen Sie die Wirkung eines Motivs bei verschiedenen Einstellungsgrößen.*

Dreibeinstativ

Die sowohl im Film als auch im Fotobereich am häufigsten verwendete Stativart ist das Dreibeinstativ. Es bietet sowohl einen sicheren Stand, als auch nahezu alle Freiheiten wie etwa Schwenken, Verändern der Höhe bzw. Neigung der Kamera. Die Preisspanne bei den Dreibeinstativen ist breit gefächert. Günstige Stative, welche meist auf ziemlich wackligen Beinen stehen, bekommt man schon ab 20 Euro, während man für Profistative auch weit über 400 Euro bezahlen kann. Gerade bei der Neuanschaffung eines Dreibeinstativs sollte man sich für einen Mittelweg entscheiden, denn je sicherer die Stative stehen, desto schwerer sind sie meist. Man sollte also die Kriterien Preis, Gewicht und Stabilität gut gegeneinander abwägen, um die individuelle passende Lösung zu finden.

Dreibeinstativ

Einbeinstativ

Wie der Name bereits sagt, besteht dieses Stativ nur aus einem Bein, welches in der Länge variabel ist. Gute Einbeinstative besitzen einen Kugelkopf, mit dem es möglich ist, die darauf installierte Kamera zu schwenken. Durch die einfache Konstruktion ist es schnell auf- bzw. zusammenklappbar, zudem ist es leicht zu transportieren. Diese Stativart bietet bei weitem nicht die Standfestigkeit wie ein Dreibeinstativ, da es immer noch zusätzlich mit der Hand gehalten werden muss und nicht von alleine steht. Da das Einbeinstativ das Gewicht des Camcorders oder der Digitalkamera abfängt und es zudem eine unkomplizierte Handhabung verspricht, ist es gerade bei der Arbeit mit Kindern oder Jugendlichen ein nützlicher Helfer.

Klemmstativ

Möchte man eine Kamera an besonderen Objekten, wie etwa einem Auto, einer Schiffsreling oder einem Ast fixieren, ist die Wahl eines Klemmstativs die beste. Da die Beine des Stativs meist aus frei beweglichen Gelenken bestehen, ist es so möglich, die Kamera an speziellen Objekten wackelfrei zu platzieren.

Tisch- bzw. Ministative

Um mit einem Tisch- bzw. Ministativ arbeiten zu können, benötigt man zusätzliche Hilfsmittel wie Tisch, Stuhl, Fensterbank o. Ä., um die Kamera in die gewünschte Position zu bringen. Die Vorteile dieser Stativart sind das geringe Gewicht und die kompakte Bauweise. Häufig neigen die Tischstative allerdings zum Wackeln und bieten gerade bei größeren Camcordern oder Digitalkameras nur unzureichende Stabilität.

Tischstativ

Schnittrechner

Die Anforderungen an einen Schnittrechner sind immer stark vom Einsatzzweck abhängig. Verfügt man z. B. schon über eine DV Kamera und möchte diese auch weiterhin nutzen, reicht für den Videoschnitt auch ein älterer Rechner aus. Beim Fehlen eines Firewire-
Anschlusses in älteren PC-Systemen kann man diesen in Form von zusätzlichen PCI-Karten
nachrüsten. Hierbei handelt es sich um Erweiterungskarten, welche in freie PCI-Steckplät-
ze in den Computer eingebaut werden können und ein Einspielen des Videomaterials in
den PC ermöglichen. Ab dem Betriebssystem Windows 98 ist digitaler Videoschnitt möglich. Mit dem windowseigenen Schnittprogramm Windows Movie Maker kann man unter
Windows XP, Windows Vista oder Windows 7 schon recht gute Ergebnisse erzielen.

Bei der Hardware eines Computers sollte man im Hinblick auf den Videoschnitt immer
Prozessorleistung, RAM, Festplattenspeicherplatz und Geschwindigkeit im Auge behal-
ten. Ausreichend für den Video-Schnitt wäre z. B. schon folgendes System: Betriebssystem Windows XP, Prozessor ab 1GHz, 1GB RAM, Festplatte mit einer Kapazität von 40 GB.
Möchte man aufwendigen Videoschnitt mit vielen Effekten, Überblendungen oder sogar
Keying, d. h. das Freistellen von Personen oder Objekten vom Hintergrund, betreiben, so
empfiehlt sich auch hierfür eine bessere Konfiguration. Mit Computersystemen ab 4-GB-
RAM, Dual Core oder Quad Core CPU und einer schnellen Festplatte ab 200 GB Speicherkapazität ist auch HDV-Schnitt problemlos möglich.

Tipp

Videos immer auf einer zweiten Festplatte schneiden. Dies bringt einen enor-
men Leistungsschub mit sich. Videos auf der Systemfestplatte, meist C:\, zu
schneiden, sollte vermieden werden.

Ein großer Monitor ist beim Videoschnitt enorm
von Vorteil, da die einzelnen Programme aufgrund
ihrer umfangreichen Menüs und Fenster viel Bild-
schirmplatz benötigen. Vorausgesetzt man hat eine
Grafikkarte mit zwei Monitorausgängen, ist es noch
besser einen zweiten Monitor anzuschließen. Hier
ist darauf zu achten, dass man zwei Monitore des
gleichen Typs hat um etwaige Farbunterschiede zu
vermeiden. Ein zusätzlicher Vorschaumonitor ist von
großem Nutzen, da er eine korrekte Farbdarstellung
und Auflösung garantiert.

Profi-Schnittplatz mit Vorschaumonitor.

PAL und NTSC

Die Begriffe PAL und NTSC stammen aus den Anfängen der Fernsehgeschichte und bezeichnen verschiedene Fernsehnormen. NTSC wird heute fast nur noch als Bezeichnung für das Fernsehsystem in weiten Teilen des amerikanischen und ostasiatischen Raums verwendet. NTSC bedeutet National Television Systems Committee, dieses Komitee ist eine US-amerikanische Institution, welche das erste Farbübertragungssystem für Fernsehsignale festlegte. Das PAL-(Phase-Alternation-Line-)Verfahren ist die europäische Antwort auf das NTSC-System und wird hauptsächlich in Europa benutzt, jedoch auch in Australien und vielen Ländern in Afrika, Asien und Südamerika. Für die Arbeit mit Videoschnittprogramm oder Camcorder in Deutschland bzw. im europäischen Raum ist also das PAL-Format die erste Wahl. In fast allen Videoschnitt- bzw. Bildbearbeitungsprogrammen findet man mittlerweile die Wahlmöglichkeit zwischen PAL und NTSC.

PAL	NTSC
576 Bildzeilen	480 Bildzeilen
Bildwiederholrate: 50 Hz	Bildwiederholrate: 60 Hz.

Eine dritte Fernsehnorm ist das SECAM-(Séquentiel couleur à mémoire-)System, welches vor allem in Frankreich und Osteuropa verwendet wird.

DV und HDV

Gerade bei der Neuanschaffung einer Kamera steht man heutzutage unweigerlich vor der Frage, ob man sich für eine DV- oder HDV-Kamera entscheidet. Wie so oft ist auch bei den Kameratypen die neueste Technologie nicht immer die bessere Wahl. So kann das neue HDV-Format jede Menge Vorteile in Hinblick auf Bildqualität gegenüber dem herkömmlichen DV-Format haben. Vergleicht man DV und HDV aber z. B. im Hinblick auf Speicherplatz, so werden schnell die evtl. auftretenden Probleme bei der benötigten Festplattenkapazität klar.

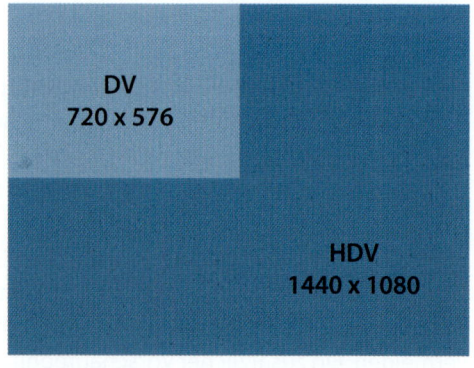

Vergleich Auflösung DV und HDV (Angabe in Pixeln).

DV	HDV
720x576 Pixel	1440x1080 Pixel
Format: 4:3 oder 16:9	Format: 16:9
1 Stunde unkomprimiertes Material benötigt ca. 13 GB Speicherplatz auf der Festplatte.	1 Stunde Material benötigt ca. 50 GB Speicherplatz auf der Festplatte. HDV ist viermal so scharf wie DV.

Es muss nicht immer die neueste und teuerste Kamera sein, um gute Aufnahmen zu erreichen. So kann z. B. eine ältere DV-Kamera, welche über ein gutes Objektiv verfügt, wesentlich bessere Bilder erzeugen als eine aktuelle HDV-Kamera mit minderwertigem Objektiv.

MiniDV und SD

Gegenwärtig gibt es eine Vielzahl von Aufnahmemedien. Längst ist neben dem klassischen Medium der Kassetten eine große Auswahl an verschiedenen Aufzeichnungsmedien erhältlich. Jedoch ist auch hier nicht immer die neueste Technologie die beste. So hat z. B. die MiniDV-Kassette immer noch Qualitätsvorteile gegenüber Camcordern, welche auf DVD aufzeichnen, da bei diesen die Kompressionsrate wesentlich höher und somit die spätere Qualität des Videomaterials um einiges schlechter ist. Speziell bei der Arbeit mit Kindern ist die Mechanik einer Kamera mit Kassette um einiges robuster als z. B. Festplatten- und DVD-Camcorder. Auch das Aufzeichnen auf Speicherkarten, z. B. SD-Karten ist hier eine gute Wahl. Ein wichtiger Aspekt ist auch die Archivierung. Mittels MiniDV-Band oder DVD-RAM kann man Aufnahmen im Gegensatz zu DVD oder Festplatte wesentlich länger in guter Qualität lagern. So haben DV-Bänder eine Lebensdauer von ca. zehn bis 15 Jahren, bei Festplatten bzw. Speicherkarten ist es möglich, dass nach fünf bis zehn Jahren die Aufnahmen verloren sind.

MiniDV

SD-Karten

Bildformate

Die beiden Bildformate 16:9 und 4:3 sind die zurzeit am häufigsten verwendeten Darstellungsgrößen im Fernseh- und Videobereich. Der wesentliche Unterschied besteht im Verhältnis von Seitenhöhe und Breite. Das ältere 4:3-Format wird immer mehr vom 16:9-Format verdrängt. Hauptgrund dafür ist hauptsächlich der Fakt, dass das menschliche Blickfeld eher dem 16:9-Format als dem 4:3-Format ähnelt. Deshalb erscheint uns das Breitbildformat auch harmonischer. Kinofilme werden heute fast nur noch im Format 16:9 produziert.

Größenverhältnis von 4:3 und 16:9.

Vor allem bei der Arbeit mit Kindern ist das 4:3-Format aber immer noch von Bedeutung. Besonders bei der Darstellung bzw. Aufnahme von Personen bietet es wesentlich mehr Platz in der Bildhöhe. So ist es möglich, Personen größer darzustellen, was besonders von Vorteil ist, wenn man bei der Projektpräsentation auf eher kleine Fernsehgeräte zurückgreifen muss, aber trotzdem die Aufnahmen für alle Kinder gut sichtbar zeigen möchte.

Firewire und USB

Geht es um das Übertragen von Bild- oder Videomaterial auf den PC, geschieht dies meist über eine Firewire- bzw. USB-Verbindung. Beide Schnittstellen bieten eine hohe Transferrate um digitales Material möglichst schnell vom Aufzeichnungsmedium auf den PC übertragen zu können. Firewire wird hauptsächlich zum Übertragen von Video-, Bild- oder Audio-Material genutzt. Häufig findet man aber auch externe Festplatten oder DVD-Brenner, welche mit die-

Vierpoliger und sechspoliger Firewire- Anschluss

sem Anschluss ausgestattet sind. Firewire besitzt zwei Steckertypen, einen vierpoligen, welcher sich häufig an kleineren Camcordern wiederfindet, und einen sechspoligen, welcher meist am PC und professioneller Technik zu finden ist.

Der Einsatzbereich von USB ist sehr groß, so findet man diesen Verbindungstyp z. B. bei externen Festplatten, verschiedenen Laufwerken, Druckern, Scannern, Tastaturen, Digitalkameras und Camcordern. An älteren Computern finden sich häufig noch alte USB 1.0-Schnittstellen, im November 2008 wurde bereits USB 3.0 vorgestellt. Durch die stetige Weiterentwicklung von USB sind immer höhere Übertragungsraten möglich. Sowohl Firewire- als auch USB-Schnittstellen sind Hot-Pluggin fähig, d.h. man kann sie bei laufendem Betrieb an den Rechner anschließen und sie werden automatisch vom PC erkannt.

USB-Schnittstelle am PC

Firewire-Schnittstelle am PC

3.3   Altersspezifik

Die Ausführungen zur Altersspezifik für das Erstellen eines Kurzfilmes orientieren sich an den Empfehlungen des Bundesministeriums für Familie, Senioren, Frauen und Jugend und den Empfehlungen des Staatsinstitutes für Frühpädagogik, München zum Fernsehkonsum von Kindern.

Kinder im Alter von null bis drei Jahren

Das Verfolgen eines Filmes oder einer Fernsehsendung erfordert vom Zuschauer ein hohes Maß an kognitiven Fähigkeiten. Dies impliziert von vornherein, dass Kinder im Alter von null bis drei Jahren aus diesem Medienbereich herausfallen. Sowohl die Konzentrationsspanne als auch die Wahrnehmung und die Verarbeitung der Informationen werden vom aufmerksamkeitsintensiven Medium Film schlicht überfordert. Die Reizüberflutung, bestehend aus einem bunten Bild-Ton-Gemisch, kann von einem Kind im Krippenalter nicht bewältigt werden. Der Grad der Interessiertheit an diesem Medium darf keinesfalls als Gradmesser für die Kompetenz des Kindes in diesem Bereich betrachtet werden. (vgl. Eirich, 2006, und vgl. Baacke, 2009, S. 12)

Kinder im Alter von drei bis sechs Jahren

Die benötigte Konzentration über einen längeren Zeitraum, z. B. die gesamte Länge einer Sendung, stellt ein erstes Kriterium dar. Kinder am Ende des Vorschulalters können sich ohne Anleitung nur ca. 15 Minuten konzentrieren, werden sie durch ein Programm geführt, können daraus ca. 30-40 Minuten entstehen, jüngere Kinder entsprechend weniger. Als Fernsehkonsumenten wird ihnen demzufolge empfohlen, nicht mehr als 30 Minuten täglich vor dem Bildschirm zu verbringen. Diese Zeitangabe sollte auch bei einem Kurzfilmprojekt nicht überschritten werden, da die Kinder am Ende ihren eigenen Film ansehen möchten und sollen.

> ### Tipp
>
> *Generell wird für Kurzfilme eine zeitliche Grenze von 30 Minuten veranschlagt, die jedoch nicht als starr anzusehen ist.*

Zu beachten ist außerdem, dass Kinder in diesem Alter mit Erzähltechniken wie der Rückblende nicht umgehen können. Geschichten sind für sie chronologisch aufgebaut, d.h. der Anfang liegt zeitlich am weitesten zurück. Kausale Zusammenhänge können noch nicht von ihnen erschlossen werden. Wenn Kindergartenkinder eine Geschichte erzählen, dann reihen sie die einzelnen Ereignisse aneinander ohne Beachtung des tatsächlichen zeitlichen Musters.

Bei der Anlage von Charakteren ist zu beachten, dass Kinder in diesem Alter bei der Einschätzung von Personen nach dem Prinzip gegensätzlicher moralischer Eigenschaften verfahren, wie gut – böse, fleißig – faul oder mutig – feige. Vielschichtige Charaktere mit sowohl positiven als auch negativen Zügen lösen bei den Kindern aus diesem Grund Unverständnis aus. Dies wird vor allem in den Handlungen der Figuren deutlich. Kinder in dieser Altersgruppe können nicht begreifen, dass ein mutiger Held in einer gefährlichen Situation plötzlich davon läuft.

Auch die Unterscheidung von Realität und Fiktion gelingt in diesem Alter noch nicht vollständig, erst kurz vor dem Schuleintritt entwickelt sich diese Erkenntnis. Für das Kindergartenkind sind die Ereignisse im Film ebenso real wie das Sofa, auf dem es sitzt. Die räumliche Nähe zu den Geschehnissen bewirkt außerdem, dass sich die kleinen Zuschauer als Teil der Szene erleben, sozusagen als Betrachter ohne die Möglichkeit zum Eingreifen.

Die Begründungen dafür liegen u.a. in der kognitiven und der moralischen Entwicklung von Kindern dieser Altersstufe. Das Kindergartenkind betrachtet Filme wie andere, real existierende Dinge (kindlicher Realismus) und ist unfähig, zwischen subjektiven und objektiven Aspekten der Umwelt bzw. seiner Erfahrung mit ihr zu unterscheiden (Egozentrismus, die Welt dreht sich um das Kind, das Kind steht im Mittelpunkt). Das Kind vor der Einschulung hingegen legt den Egozentrismus ab und beginnt langsam sich in andere hinein zu versetzen.

Exkurs: Die Stufen der Moral nach Piaget

- Die Stufe des einfachen moralischen Realismus: alles, was nicht bestraft wird, ist erlaubt und alles, was bestraft wird, ist verboten.

- Die Stufe der heteronomen Moral (d.h. fremdbestimmten Moral): alles, was andere Personen für gut heißen und vormachen, ist erlaubt, was andere nicht für gut heißen, ist nicht erlaubt.

- Die Stufe der autonomen Moral (d.h. selbstbestimmte Moral): die eigene Beurteilung des Verhaltens nach selbst gewählten Kriterien.

(vgl. Piaget, 1954)

Exkurs: Die kognitive Entwicklung nach Piaget

- Die sensumotorische Stufe: Wahrnehmung und Motorik bilden die Grundlage für die Herausbildung einfacher Denkmuster. Aus unwillkürlichen Bewegungen und dem Experimentieren mit Gegenständen werden gesteuerte Handlungsabläufe, das Kind erlebt sich als selbst wirksam. Die eingeübten Bewegungen verhelfen dem Kind zur inneren Vorstellung, was passiert, wenn es diese Handlung ausführt.

- Die Stufe des anschaulichen Denkens: ist die für das Kindergartenalter prägende Stufe. Das Kind benötigt die konkrete Wahrnehmung und beurteilt das Wahrgenommene nach nur einem Kriterium. Der Egozentrismus bestimmt die Sicht auf die Umwelt und andere Personen.

- Die Stufe des logischen Denkens: fällt in das Grundschulalter bis zur Vorpubertät. Das Denken und die Vorstellungen sind nicht mehr an die konkrete Wahrnehmung gebunden. Die Beurteilung von Problemen oder Situationen erfolgt auf der Grundlage mehrerer Kriterien und das Kind ist in der Lage Kategoriensysteme zu bilden, d.h. sowohl Ober- als auch Unterbegriffe. Dennoch benötigt es für die Problemlösung eine Art innere Anschauung, mit rein logisch- formalen Operatoren kann es noch nicht umgehen.

- Die Stufe des abstrakten Denkens: erreicht der Jugendliche ab ca. dem zwölften Lebensjahr. Er ist in der Lage, logische Schlussfolgerungen zu ziehen und benötigt keine innere, bildliche Anschauung mehr zur Problemlösung. Zudem können für Probleme verschiedene Lösungsmöglichkeiten durchdacht werden ohne diese auszuprobieren. Kombinatorik, Hypothesenbildung und Reflexion sind weitere Fähigkeiten, die der Jugendliche dazu gewinnt.

(vgl. Piaget, 1969)

Entscheidet man sich das Projekt Kurzfilm mit Kindergarten- und Vorschulkindern durchzuführen, bietet es sich an, mit den Kindern bekannte Themen und Geschichten, z. B. Märchen, aufzugreifen, denn die Kinder müssen sowohl den Ablauf als auch die Intention der Geschichte verstehen, um sie verarbeiten und dann filmisch umsetzen zu können.

Das Grundschulalter (sieben bis zehn Jahre)

Kinder dieser Altersgruppe sind es vom Unterricht in der Schule her gewöhnt, sich über mindestens 45 Minuten zu konzentrieren, weswegen für sie die Empfehlung von maximal 45 Minuten Fernsehkonsum pro Tag gegeben wird. Dies bedeutet jedoch nicht zwangsläufig, dass sich damit die Länge des Kurzfilms im Vergleich zum Kindergartenkind erweitert. Auch hier sollte man sich die halbe Stunde als Grenze setzen.

Das Themenfeld für mögliche Inhalte vergrößert sich in dieser Altersgruppe, da Grundschüler zwischen realen und fiktiven Begebenheiten und Charakteren unterscheiden können. Sie erkennen außerdem kausale Zusammenhänge, was den Einsatz von Rückblenden möglich macht. Auf verschiedene Erzählebenen bzw. nebeneinander existierende Erzählstränge sollte jedoch auch in diesem Alter verzichtet werden, um den Kindern ein größtmögliches Verstehen und Spielen der Geschichte zu ermöglichen. Aufgrund ihrer größeren sozialen Erfahrungen und dem Übergang von der Stufe der heteronomen zur autonomen Moral können sich Kinder im Grundschulalter besser in Filmcharaktere hineindenken und einfühlen, auch wenn diese vielschichtig angelegt sind, und deren Verhalten vom eigenen Standpunkt her beurteilen.

Ältere Kinder und Jugendliche (ab elf Jahren)

Die Konzentrationsfähigkeit von Heranwachsenden in diesem Alter liegt deutlich höher als bei Grundschülern, dennoch liegen die Empfehlungen für den maximalen Fernsehkonsum der Kinder ab zehn Jahren bei einer Stunde pro Tag. Die neurologischen Umbaumaßnahmen im Gehirn während der Pubertät lassen die Konzentrationsfähigkeit von Jugendlichen deutlich geringer ausfallen als man vermutet. Müdigkeit und mangelnde Motivation wirken sich stark auf die Aufmerksamkeitsspanne und Aufnahmefähigkeit aus. Der Umgang mit dem Medium Fernsehen gleicht eher einem Sich-Berieseln-lassen als einer aktiven Aufnahme und Verarbeitung der enthaltenen Informationen.

Handlungen mit mehreren Erzählsträngen können Kinder dieser Altersspanne durch die gute Entwicklung des logischen Denkens leicht folgen, und auch das Herstellen kausaler Zusammenhänge fällt ihnen leicht.

Kinder und Jugendliche verfügen über eine sich stetig entwickelnde selbstbestimmte (autonome) Moral, die unabhängig von den erwachsenen Bezugspersonen wirksam ist. Sie beurteilen die Ereignisse und Charaktere in Filmen und Serien nach ihren eigenen Maßstäben, die ihrem Erfahrungshorizont angeglichen sind. Dennoch erfolgt vor allem bei den Elf- bis Zwölfjährigen nicht immer eine Distanzierung von den wahrgenommenen Verhaltensweisen.

3.4 Einblick Software

Erst mithilfe der Videoschnitt-Software ist es möglich, Videomaterial am PC zu bearbeiten. Dazu wird das Video- bzw. Audio-Material auf den PC übertragen. Schließt man also eine Videokamera an den Computer an und spielt das Rohmaterial der Kamera ein, wandelt die Videoschnittsoftware dieses Rohmaterial in ein für den PC gängiges Format um, diesen Vorgang nennt man auch Capturing. Beispiele für die Videoformate sind .avi, .mpeg, .mpg, .mov.

Neben den klassischen Möglichkeiten eines Videoschnittprogramms finden sich immer öfter spezielle Funktionen wie etwa Audio Mixer zum Abmischen des Tons oder ein DVD-Authoring-Tool zum Erstellen menügesteuerter DVDs in der entsprechenden Software wieder. Im Bereich der Videoschnittsoftware findet man eine riesige Auswahl an Programmen. Hier unterscheidet man zwischen kommerziellen, freien und Onlineprogrammen.

Kommerzielle Videoschnittsoftware

Der Unterschied sowohl im Umfang als auch in der Preisspanne kommerzieller Software ist enorm. So kostet ein Profi-Programm wie Avid Media Composer ca. 2000 Euro. Programme für den Hobbybereich wie etwa Adobe Premiere Elements sind schon für 70 Euro zu haben. Nicht immer ist die Wahl des teureren Programms die beste. Man sollte sich immer über den Einsatzzweck im Klaren sein. Meist bieten semi-professionelle und Programme für den Hobbybereich eine vereinfachte Oberfläche und nicht die Fülle an Möglichkeiten, welche ein Profi-Videoschnittprogramm mit sich bringt. Aufgrund dieser Tatsache ist es für Laien schneller möglich, sich innerhalb eines solchen Programms zurecht zu finden und mit diesem zu arbeiten. Es gibt eine Vielzahl guter Videoschnittprogramme kommerzieller Natur, welche aufgrund ihrer Einfachheit, ihrer übersichtlichen Benutzeroberfläche und ihres Preises im Schulalltag zu gebrauchen sind. Adobe Premiere Elements, Pinnacle Studio, Magix Video Deluxe, Cyber Link Power Director sind nur einige Videoschnittprogramme aus dem semiprofessionellen bzw. Hobbybereich. Diese Programme sind vom Funktions-umfang völlig ausreichend, bieten häufig eine intuitiv zu bedienende Oberfläche und sind somit bestens geeignet, um einfache Projekte im Bereich Film und Video zu realisieren.

Freie Videoschnittsoftware

Sog. Freeware-Programme im Videoschnittbereich haben sich im Laufe der Jahre immer besser entwickelt. Sie bieten zwar bei weitem noch nicht die umfangreichen Funktionen kommerzieller Software, sind aber auf einem guten Weg mit so manchem Hobby-Video-schnittprogramm mithalten zu können.

Probleme bei den freien Videoschnittprogrammen gibt es meist beim Importieren bzw. Exportieren von speziellen Videoformaten. Auch mit speziellen Effekten bzw. Videofiltern können die freien Programme nicht mit den kommerziellen mithalten. Viele der Program-me wurden speziell für Linux-Betriebssysteme entwickelt. Nennenswerte Freeware für Windows Systeme sind z. B. Virtual Dub, Avidemux und Jahshaka.

Nicht zu unterschätzen sind windowseigene Programme wie der Windows Movie Maker. Neben einer Vielzahl unterstützter Videoformate bietet dieses Programm alle nötigen Schnittfunktionen, Effekte, Titel- und Exportmöglichkeiten. Unter dem Betriebssystem Windows Vista ist es mit dem Movie Maker nun auch möglich, Daten als DVD zu exportie-ren, damit eignet sich dieses Programm speziell für Hobby-, aber auch für Schulprojekte.

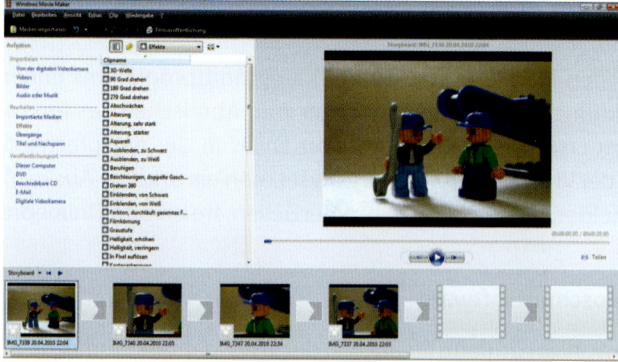

Movie Maker unter Windows Vista.

Online-Videoschnittsoftware

Über sog. Online-Videoschnittsoftware ist es möglich, sein Video nach Hochladen auf ei-nen Server über den Browser online zu bearbeiten. Diese Art des Videoschnitts bringt al-lerdings nur die nötigsten Funktionen mit sich. Zudem kommen längere Wartezeiten wie etwa beim Upload-Vorgang dazu. Hier sollte man sich auch im Klaren darüber sein, dass mit dem Upload die Videodatei auf einen fremden Speicherplatz außerhalb des eigenen Computers gespeichert wird. Einmal hochgeladen hat man also nur noch bedingt einen Einfluss darauf, wer die Videos sieht, speichert, bearbeitet oder weiterverbreitet.

3.5 Konzeption: Drehbuch, Storyboard und mehr

Gerade im Filmbereich ist eine genaue Planung bzw. Konzeption im Vorfeld unerlässlich. Bevor man mit dem Drehbuch beginnt, welches neben dem Storyboard die Grundlage für jedes Filmprojekt darstellt, sollte man eine Idee haben. Besonders wichtig ist es, bei Filmprojekten im Schulbereich zu prüfen, ob die entsprechenden Mittel hinsichtlich Zeit und Gestaltung ausreichend vorhanden sind.

Gerade der Faktor Zeit spielt eine gesonderte Rolle. Nichts ist enttäuschender als ein unvollendetes Projekt, in das die Schüler viel Zeit und Mühe investiert haben. Eine umfassende Konzeption vor jedem Filmprojekt ist enorm wichtig für ein erfolgreiches Gelingen. Gerade bei kleineren Projekten ist es nicht immer zwingend notwendig, eine komplette Dokumentation zu schreiben. Häufig wird das Storyboard, da es im Vorfeld der Planung auch am meisten Zeit in Anspruch nimmt, weggelassen. Stattdessen ist es möglich Storyboard und Drehbuch zu kombinieren. Beschreibt man die einzelnen Einstellungen hier genau, kann man auf aufwendige und zeitraubende Skizzen verzichten.

Exposé, Treatment

Das Exposé wird schlichtweg auch als Filmidee bezeichnet. Hier wird die Idee des Films schriftlich kurz festgehalten. Dies kann auch in Form einer Ideenskizze erfolgen. Das Treatment ist eine ausführlichere Form der Filmidee. Es wird hauptsächlich durch den Inhalt des Films bestimmt und bietet bereits genaue Informationen zu Ort, Handlung und Personen. Auf die filmische Umsetzung wie etwa die einzelnen Einstellungen des Films geht man hier jedoch noch nicht ein.

Drehbuch

Der komplette Film wird hier in schriftlicher Form festgehalten. Projektumfang und Dauer sollten ausschlaggebend für die Detailgenauigkeit des Drehbuchs sein. In einem Drehbuch können folgende Faktoren beschrieben werden: Einstellungsgrößen, technische Anweisungen, Dialoge, Handlungen usw.

Drehbücher können sich je nach den verschiedenen filmischen Varianten und Formen stark voneinander unterscheiden. So bietet ein Drehbuch für einen Dokumentationsfilm meist Informationen über Drehorte und zu drehende Szenen, da hier die eigentliche Geschichte nicht vorgefertigt ist wie z. B. bei einem Spielfilm.

Storyboard

Im Storyboard geht es hauptsächlich um die zeichnerische Umsetzung. Die einzelnen Einstellungen werden hier meist in Form von Skizzen dargestellt. Innerhalb der einzelnen Zeichnungen sind Informationen zu Objekt- und Kamerabewegungen, aber auch zum Bildausschnitt zu erkennen. Ein gutes Storyboard ist eine wesentliche Erleichterung für den späteren Schnitt, da man hier schon eine Vorstellung über Bildübergänge, eventuelle Bildsprünge u. Ä. bekommt.

Drehplan

Hier findet sich der komplette zeitliche Ablauf der Dreharbeiten wieder. Im Drehplan geht es hauptsächlich um Kosten und organisatorische Dinge. So kann an einem Drehplan z. B. abgelesen werden, zu welchen Terminen eine spezielle Lichtausrüstung benötigt wird, wann Requisiten bzw. Kostüme benötigt werden usw. Für größere Produktionen ist ein Drehplan eine sehr wichtige Sache, für kleinere Projekte ist diese Dokumentationsform eher zu vernachlässigen.

Aufgabe

Schreiben Sie ein Märchen in ein Drehbuch um. Achten Sie auf konkrete Handlungsanweisungen für die Akteure. Erstellen Sie dazu einen Drehplan und skizzieren Sie passende Kostüme und Bühnenbilder.

3.6 Lichtsetzung

Beim professionellen Filmen gehört die richtige Lichtsetzung zu den anspruchsvollsten Aufgaben. Im Hobby-Bereich wird die Kunst der Beleuchtung meist vernachlässigt oder gar nicht beachtet. Hält man sich jedoch an einige Grundsätze der Lichtsetzung, ist es möglich mit relativ wenig Aufwand gute Ergebnisse bezüglich der Ausleuchtung einer Szene zu erhalten. Damit kann man Stimmungen und Atmosphäre erschaffen sowie Orte und Personen charakterisieren. Ein häufiges Problem bei der Lichtsetzung ist, dass Personen oder Gegenstände keine Plastizität besitzen. Um dieses Problem zu vermeiden und den Personen oder Objekten Konturen zu verleihen, gibt es mehrere Möglichkeiten.

- Will man einen Drehort gut ausleuchten, ihn aber trotzdem noch natürlich aussehen lassen, ist es möglich das vorhandene Licht zu nutzen. So kann man sich z. B. Lichtquellen wie Fenster oder Lampen suchen und diese durch zusätzliches Licht verstärken. Durch diese Form der Ausleuchtung behält der Drehort seine ursprünglichen Lichtverhältnisse und seinen natürlichen Charakter.

- Mithilfe der indirekten Beleuchtung ist es möglich, eine vorhandene Lichtstimmung zu verstärken. Diese einfache Methode der Lichtgestaltung wird sowohl im Profi- als auch im Hobby- bzw. semiprofessionellen Bereich häufig verwendet. Hierzu wird ein Scheinwerfer gegen helle Zimmerdecken oder Wände gerichtet. Das zurückgeworfene, indirekte Licht beleuchtet dann die Szene. Man erhöht dadurch die Grundhelligkeit am Drehort.

- Das Arbeiten mit Führungslicht, Fülllicht und Gegenlicht ist eine professionelle Variante der Lichtsetzung und findet sich u.a. in der Dreipunktausleuchtung wieder. Hauptziel dieser Art der Lichtgestaltung ist es, Objekte oder Personen so auszuleuchten, dass die Konturen gut erkennbar sind und das eigentliche zweidimensionale Bild des Films eine gewisse Dreidimensionalität erhält. Das Führungslicht kommt hierbei immer aus der Nähe der Kamera, es ist das hellste Licht in der Dreipunktausleuchtung und bringt dadurch auch die meisten Schatten in die Szene. Das Fülllicht, auch Aufheller genannt, steht in direkter Verbindung zum Führungslicht. Es hellt dessen Schatten auf und verringert den Kontrastumfang. Für die Dreidimensionalität ist hauptsächlich das Gegenlicht verantwortlich. Häufig auch Kante genannt, sorgt es dafür, dass Objekte oder Personen einen sichtbaren Rand erhalten. Meist leuchtet es von hinten oben auf das jeweilige Objekt.

Dreipunktausleuchtung

3.7   Aufnahme/Dreh

Bei der Aufnahme ist es jedem, der hinter der Kamera steht, möglich dem Film seine ei-gene Handschrift zu geben. Filmt z. B. ein Kind im Kindergartenalter eine bestimmte Situ-ation, so hält es die Kamera aufgrund seiner Körpergröße tiefer als das eine erwachsene Person tun würde. Schon allein durch diese unterschiedliche Position der Kamera kann eine völlig andere Bildaussage entstehen. Das Drehbuch kann noch so gut und detailliert ausgearbeitet sein, dennoch wird ein Film, je nachdem, wer die Kamera führte, immer kleine Unterschiede aufweisen. Um typische Anfängerfehler zu vermeiden, sollten ein paar grundlegende Aspekte beim Arbeiten mit der Kamera beachtet werden.

- Erst überlegen, dann filmen. Vor dem eigentlichen Dreh sollte man sich gut überlegen: Was will ich eigentlich filmen? Diese Gedanken lassen sich am besten in einem Drehplan festhalten. Ein kleiner Drehplan spart jede Menge Zeit, Filmmaterial und trägt maßgeblich zur Qualität des fertigen Films bei.

- Es muss versucht werden, die Kamera stets ruhig zu halten. Nichts wirkt störender als verwackelte Bilder. Je weiter man an ein Objekt heranzoomt, desto schwieriger ist es, wackelfreie Bilder zu bekommen. Aus diesem Grund sollte man so oft wie möglich ein Stativ verwenden. Der am häufigsten verwendete Stativtyp ist das Dreibeinstativ, es gewährt einen sicheren Stand und ist meist mit einer kleinen Wasserwaage ausgestattet, welche in unebenem Gelände das waagerechte Ausrichten der Kamera erleichtert. Andere Stativarten sind: Schulter-, Einbein-, Saugnapf-, Tisch- und Schwebestativ (siehe auch Kapitel Stative, S. 93f.).

- Zoomen mithilfe der Kamera sollte man nur ganz selten bzw. gar nicht. Bewegt sich eine Person auf ein Objekt zu, so vergrößert sich das Objekt, gleichzeitig verändert sich aber auch der Standort der Person. Das ist beim Zoomen nicht so, hier verändert sich nur die Größe des Objekts, nicht aber der Standort der Person bzw. der Kamera. Aus diesem Grund erscheint uns das Zoomen unnatürlich. Es ist immer besser, man geht direkt an ein Objekt heran um dieses größer zu filmen anstatt den Zoom zu verwenden. Verwendet man doch einmal die Zoomfunktion der Kamera, darf man keinesfalls ständig hin und her zoomen. Um eine Kamera durch einen Raum zu bewegen und keine verwackelten Bilder während des Filmens zu erhalten, werden in Profiproduktionen häufig Kamerafahrten verwendet. Hierbei finden verschiedene Systeme Verwendung wie etwa Dolly (Kamerawagen), Rollstative, Steadicams oder Kamerakräne.

- Keine unnötigen Schwenks. Man sollte die Kamera nicht ständig hin und her, herauf oder herunter schwenken. Verwenden Sie lieber mehrere verschiedene Einstellungen und stoppen Sie dazwischen immer die Aufnahme. Möchte man aber doch einmal einen Kameraschwenk einsetzen, ist Folgendes zu beachten: Anfangs- und Endpunkt des Schwenks vorher festlegen. Zunächst die Kamera für einige Sekunden am Anfangspunkt ruhig halten, dann sehr langsam schwenken und am Ende des Schwenks wiederum einige Sekunden inne halten, erst dann die Aufnahme beenden.

- Die Position der Kamera sollte häufig gewechselt werden, dadurch wirkt der Film interessanter. Wechselt man häufig die Kamerapositionen, hat man zusätzliche Gestaltungsmöglichkeiten. Filmt man eine Person z. B. von unten, so wirkt die Person auf den Betrachter größer. Man kann durch die verschiedenen Kamerapositionen einer Person zu Größe bzw. Macht verhelfen oder diese klein und hilflos erscheinen lassen.

- Großaufnahmen so häufig wie möglich verwenden. Bilder wie Gesichter, Augen, Mund, Hände, Blumen usw. machen einen Film erst richtig interessant. Mit vielen Großaufnahmen ist es auch möglich, einen Film spannend zu gestalten. Es ist aber zu beachten, dass diese nicht durch Zoomen erreicht werden, sondern mit der Kamera direkt an das Objekt herangetreten wird.

- Während der Aufnahme nicht reden. Nichts ist ärgerlicher als die Störung des Originaltons durch Flüstern oder Kommentieren des Kameramanns. Der Einsatz eines guten externen Mikrofons ist immer von Vorteil, da die Aufnahmequalität hier deutlich besser ist als bei internen Camcorder- Mikrofonen.

- Gute, abwechslungsreiche Bildausschnitte verwenden. Immer vor dem Filmen überlegen, welche Einstellungsgröße sich für das zu filmende Motiv am besten eignet. Richtige Bildfolgen beachten: Beginnen mit einer Totalen, danach eine Halbtotale oder Halbnahe und im Anschluss Großaufnahmen.

Professionelles Studio-Mikrofon mit Popschutz.

- Möglichst viele allgemeine Bilder aufnehmen, so können etwaige entstandene Bildsprünge später im Schnitt mit diesen Zwischenbildern ergänzt werden.

- Wenn möglich, manuelle Funktionen der Kamera (Weißabgleich, Fokussierung) nutzen. Somit hat man mehr Einfluss auf die Qualität des Bildmaterials.

- Verwenden von Schuss und Gegenschuss. Vermeiden von Achsensprung und Bildsprung.

3.8 Videoschnitt

Eine Aufnahme kann noch so gut sein, stimmt der Schnitt nicht, wird auch der fertige Film keinen Erfolg haben. So ist es möglich, im Schnitt die Reihenfolge der Szenen bzw. Einstellungen zu ändern und durch Umgestalten der Clips dem Film eine völlig neue Aussage zu geben. Zusätzlich bieten Videoschnittprogramme immer mehr Gestaltungsmöglichkeiten wie etwa Überblendungen, Effekte, Titelgeneratoren usw. an. Um den Film nicht zu überladen, sollte man mit solchen Gestaltungselementen immer sehr bewusst und sparsam umgehen. Um das große Gebiet des Videoschnitts besser verstehen zu können, sollen auch hier wieder einige Grundlagen erklärt werden.

Einspielen des Materials

Das Einspielen des Materials wird bei den meisten Camcorder-Arten über die Firewireschnittstelle realisiert. Wichtig beim Verbinden von Kamera und Computer ist, dass sich der Camcorder im VCR Modus befindet. In diesem Modus ist es möglich das aufgenommene Material am Camcorder zu betrachten oder dieses in den Computer einzuspielen.

Wird Material auf den Rechner gespielt, sollte ausreichend Speicherplatz vorhanden sein. Zum Übertragen der Videodateien auf den Rechner muss der PC eingeschaltet sein, danach verbindet man Camcorder und PC und schaltet die Kamera in den VCR- bzw. Play-Modus.

Im VCR- bzw. Play-Modus kann das aufgenommene Material in den Rechner eingespielt werde.

Ist ein Videoschnittprogramm installiert, erkennt dieses häufig die Kamera und bietet dem Nutzer an Videomaterial einzuspielen. Ist dies nicht der Fall, öffnet man das entsprechende Videoschnittprogramm von Hand und legt ein neues Projekt oder eine neue Datei an. Gegebenenfalls sind die Projekteinstellungen zu überprüfen und das entsprechende Videoformat zu wählen, z. B. DV-Pal oder HDV.

Wichtig beim ersten Start eines Schnittprogramms ist zu prüfen, wo sich die Arbeitslaufwerke befinden. Häufig findet man dies unter der Option Voreinstellungen. Meist befindet sich das Betriebssystem auf der Festplatte C. In diesem Fall sollten die Arbeitslaufwerke auf eine andere Festplatte oder Partition gestellt werden, auf der genügend Speicherkapazität zur Verfügung steht. Dadurch wird der Rechner nicht unnötig ausgebremst und ein schnelleres und sichereres Arbeiten ist möglich. Das Aufnahmemenü findet man bei den meisten Schnittprogrammen unter Datei – Aufnahme. Mithilfe des Aufnahmefensters hat man die Möglichkeit die Kamera komplett zu steuern, man kann vor- und zurückspulen, aufnehmen usw.

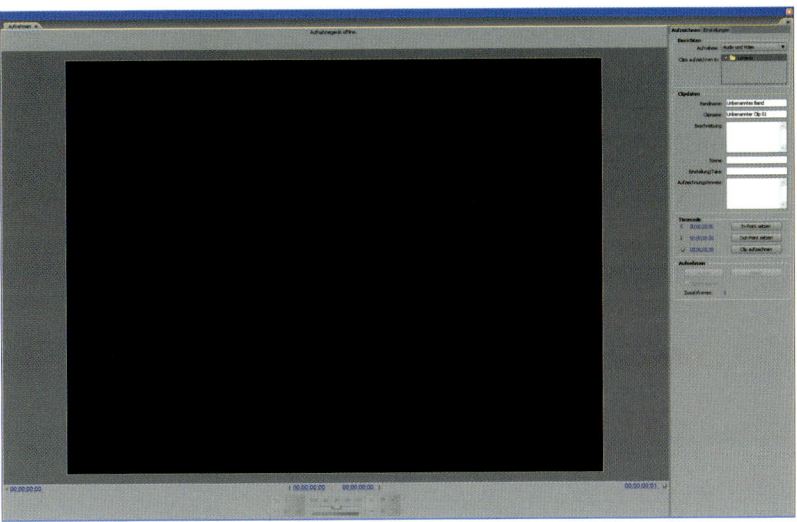

Aufnahmefenster in Adobe Premiere Pro CS3.

Ist die Länge des aufgenommenen Materials nicht zu groß, macht es häufig Sinn, den Aufnahmeknopf zu drücken und das komplette Material einzuspielen. Gerade bei Neulingen in Sachen Videoschnitt ist dies interessant, so sehen Sie das gesamte aufgenommene Material im Schnittfenster und bekommen einen besseren Überblick über die Funktionsweise der sog. Timeline, in der alle eingespielten Clips zeitlich geordnet werden können. Verfügt das Videoschnittprogramm über eine Szenenerkennung, werden hierbei einzelne Clips generiert, je nachdem, an welchen Stellen die Kamera bei der Aufnahme gestartet bzw. gestoppt wurde.

Für fortgeschrittene Nutzer empfiehlt es sich, die einzelnen Szenen mithilfe des Aufnahmefensters auszusuchen, zu markieren und in eine Liste, häufig auch Batchliste genannt, einzutragen. Ist dies geschehen, können die gesamten Szenen geloggt bzw. eingespielt werden. Dies ist zwar speicherplatzschonend, aber das Laufwerk des Camcorders bzw. die Kassette werden durch häufiges Spulen und Stoppen stark beansprucht.

Schnitt

Trotz der vielen unterschiedlichen Videoschnittprogramme ist die Oberfläche bei allen nahezu gleich aufgebaut. So ist das Schnittfenster bzw. die Timeline im unteren Bereich angelegt, Vorschau und Sequenzfenster befinden sich darüber. Die Bibliothek bzw. das Projektfenster haben ihren Platz meist links und die Werkzeugleiste ist in der Nähe der Timeline zu finden. Diese Standardfenster können je nach Videoschnittprogramm durch weitere Fenster wie z. B. Titel Designer oder Audiomixer ergänzt werden. Wurde alles Material eingespielt und das Aufnahmefenster geschlossen, befinden sich die einzelnen Clips im Projektfenster. Falls weder mit Szenenerkennung noch mit der Batchliste gearbeitet wurde, ist hier nur ein zusammenhängender Clip zu sehen. Werden später weitere Bilder, Video- oder Audiodateien importiert, sind diese ebenfalls im Projektfenster zu sehen, welches als eine Art Bibliothek für das gesamte Projekt zählt.

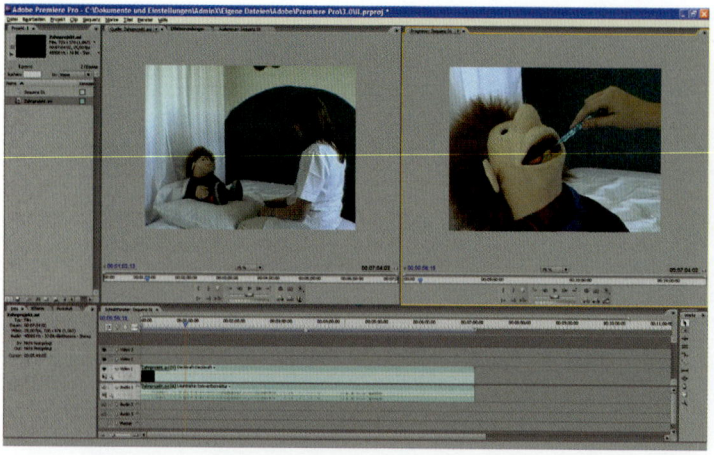

Oberfläche Adobe Premiere Pro CS3

Um die einzelnen Clips zu bearbeiten, gibt es zwei Möglichkeiten. Die erste, für Anfänger zu empfehlende Variante, ist den Clip per Drag and Drop in die Timeline zu ziehen. Hier kann mithilfe der einzelnen Werkzeuge in der Werkzeugleiste geschnitten, getrimmt oder verschoben werden. Für Fortgeschrittene empfiehlt es sich den jeweiligen Clip in das Vorschaufenster zu ziehen, das gewünschte Stück Videomaterial durch Setzen einer In- und Out-Marke zu markieren und dieses danach in die Timeline zu ziehen. Diese Vorgehensweise erlaubt ein exakteres Arbeiten, da im Vorschaumonitor, ähnlich wie im Aufnahmefenster, verschiedene Steuerelemente zum Abspielen bzw. Spulen des jeweiligen Clips zur Verfügung stehen. Um z. B. einen Clip auf der Timeline zu schneiden oder zu verschieben, benötigt man verschiedene Werkzeuge.

So bietet das Auswahlwerkzeug, welches meist durch einen Pfeil ge-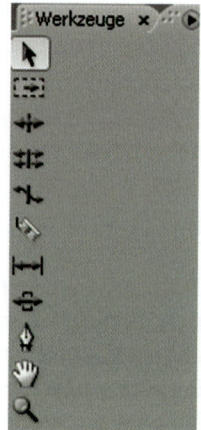kennzeichnet ist, die Möglichkeit Audio- oder Videoclips im Schnittfenster zu verschieben, zu markieren oder zu trimmen. Mithilfe der Trimmfunktion können Anfang oder Ende von Clips verkürzt bzw. verlängert werden. In den meisten Schnittprogrammen wird dies durch eine eckige Klammer angezeigt, sobald man sich mit dem Auswahlwerkzeug dem Anfang oder dem Ende eines Clips nähert. Das zweite existenzielle Werkzeug eines Videoschnittprogramms ist die Rasierklinge oder Schere. Geht man zu den Anfängen des Filmschnitts zurück, so wurden hier die einzelnen Filmrollen mit der Schere geschnitten und mit Kleber wieder zusammengefügt. Dies erklärt eigentlich schon die Funktion dieses Schnittwerkzeuges. Wurde ein Clip mit der Rasierklinge zerschnitten, so gibt es in den verschiedenen Schnittprogrammen meist zwei Varianten den unliebsamen Teil des Clips zu löschen. Zum einen ist dies durch Rechtsklick auf den jeweiligen Clip-Abschnitt

Werkzeugleiste

möglich. Hier gibt es meist die Möglichkeit den Clip einfach zu löschen, sodass eine Lücke bleibt oder den Clip zu löschen und die entstehende Lücke zu schließen. Je nach Programm ist dies auch mit der Backspace- bzw. Entfernen-Taste möglich. Die weiteren Werkzeuge sind je nach Art und Typ des Videoschnittprogramms sehr unterschiedlich.

Schneiden Sie ein Musikvideo neu. Nutzen Sie dazu ein vorhandenes Musikvideo und suchen Sie ein Musikstück aus. Orientieren Sie den Neuschnitt an der ausgewählten Musik. Achten Sie auf das Zusammenspiel von Bewegungsabläufen und Rhythmen.

Ein häufiger Anfängerfehler im Videoschnitt ist das Verwenden von möglichst vielen Überblendungen bzw. Effekten. Schon die einfachsten, kostengünstigsten Videoschnittprogramme bieten hier eine Fülle an Möglichkeiten.

Die Blendenpalette in Adobe Premiere Elements.

Überblendungen können überall dort angewendet werden, wo zwei Clips aneinander liegen bzw. wo ein Schnitt erfolgte. Auf diesen Bereich können diese meist per Drag and Drop gezogen werden. Das Verwenden von Überblendungen wird vom menschlichen Auge als unnatürlich empfunden und sollte deshalb mit Vorsicht verwendet werden. Eine häufig verwendete Blendenart ist die weiche Blende. Sie bewirkt, dass die zwei Clips, welche durch einen Schnitt getrennt sind, langsam ineinander geblendet werden. Dies ist z. B. nötig, wenn ein Schnitt den Eindruck vermittelt, das Bild würde springen.

Tipp

Bildsprünge können im Schnitt auch durch das Einfügen von Zwischenbildern vermieden werden. Dies können allgemeine Bilder sein, welche zur Thematik der jeweiligen Szene passen.

Häufig wird auch die Auf- und Abblende verwendet, welche besonders am Anfang und Ende eines Filmes Sinn macht. So stoppt das Bild nicht abrupt, sondern geht langsam in Schwarz über. Dieser Effekt wird auch innerhalb von Filmen angewendet, man kann dadurch Zeit- und Ortsprünge besser darstellen oder den Zuschauer einfach nur zum Nachdenken animieren. Das Verwenden von Effekten funktioniert ähnlich wie die Überblendungen, ein Effekt kann problemlos auf einen Clip gezogen werden.

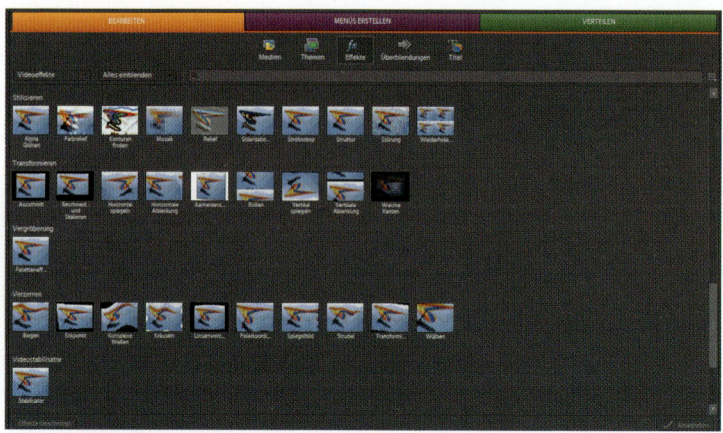

Effektfenster in Adobe Premiere Elements.

Jeder Effekt besitzt ein weiteres Menüfenster, in dem die jeweiligen Parameter angepasst werden können. Häufig verwendete Effekte sind Farbkorrekturen, Zeitlupenfunktion, Anpassen von Helligkeit oder Keyer. Mithilfe der verschiedenen Keying-Werkzeuge ist es möglich, Hintergründe (z. B. Greenscreen, Bluebox) zu entfernen und so z. B. eine Person vor einem anderen Hintergrund, welcher als Bild- oder Videomaterial vorliegt, erscheinen zu lassen.

Nach der Aufnahme in einer Blue Box muss das Videomaterial gekeyed werden, um den Hintergrund frei zu stellen.

Ein blauer Himmel oder eine farbige Wand reichen im Hobbybereich aus um keybares Videomaterial zu erhalten. Als Hintergrund sind die Farben Grün bzw. Blau zu favorisieren, da diese am besten keybar sind.

Eine weitere zusätzliche Palette ist das Title-Text-Werkzeug. Hier kann man einen Vor- oder Abspann generieren, einzelne Textelemente oder Titel im Clip platzieren und Bauchbinden erstellen.

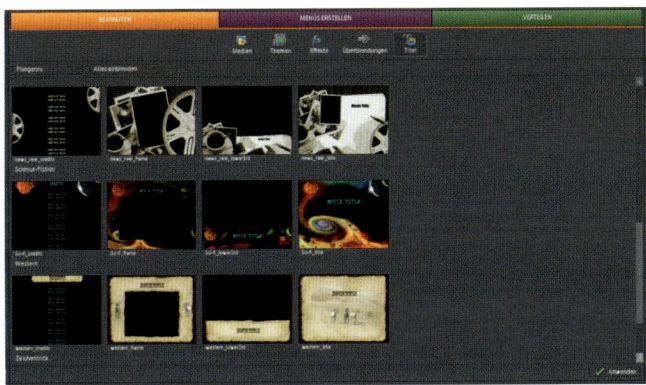

Titelgenerator in Adobe Premiere Elements

Das Verwenden von Effekten, Blenden, Titeln usw. erfordert meist ein Rendern bzw. Neuberechnen der Clips. Häufig deutet eine rote Markierung in der Timeline darauf hin. Durch Drücken der Enter-Taste oder Nutzen des Befehls Rendern in der Menüleiste wird das Videomaterial neu berechnet. Ist der Clip fertig geschnitten, geht es ans Ausspielen, Exportieren bzw. Veröffentlichen des Clips. Hierbei kann gewählt werden, ob man eine einfache Videodatei erhalten möchte oder z. B. eine komplette DVD inkl. Menü brennen möchte.

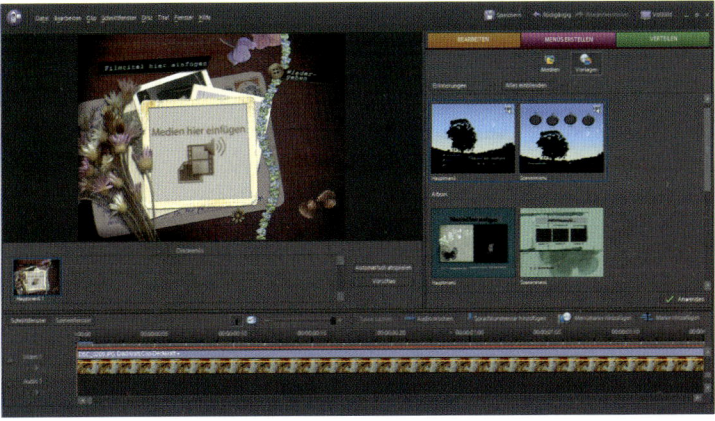

Exportieren als DVD in Adobe Premiere Elements

Die Funktionen der DVD-Erstellung, dem sog. DVD-Authoring, innerhalb der Videoschnitt-programme werden immer komfortabler. So ist es mittlerweile relativ unproblematisch, eine menügesteuerte DVD inklusive Menü und Kapiteln zu erstellen. Sog. Kapitelmarken werden in der Timeline an bestimmte Stellen gesetzt und später im DVD-Authoring mit dem jeweiligen Menüpunkt des DVD-Menüs verlinkt. Damit hat man die Möglichkeit, am Ende eines Projektes nicht nur den fertigen Film zu exportieren, sondern auch zusätzliche Elemente wie etwa Outtakes, Bildergalerien vom Dreh usw. mit auf die DVD zu brennen.

Aufgabe

Machen Sie sich mit dem Ihnen zur Verfügung stehenden Videoschnittprogramm vertraut. Experimentieren Sie mit verschiedenen Schnitttechniken und vergleichen Sie die Ergebnisse. Schlussfolgern Sie auf die Einsatzmöglichkeit der einzelnen Techniken.

Testen Sie die Funktionen des Schnittprogramms, z. B. das Erstellen von Übergän-gen, den Einsatz von Effekten, das Generieren von Titeln, Vor- und Abspann.

3.9 Vertonung

Nachdem das gesamte Videomaterial eingespielt bzw. geschnitten wurde, ist es häufig nö-tig, eine Nachvertonung vorzunehmen. Zu den Elementen der Nachvertonung zählen u.a.

* Filmmusik,
* Sprachaufnahmen,
* Toneffekte und Geräusche und
* O-Ton.

Filmmusik

Vor dem Verwenden von Filmmusik muss man sich immer fragen: Was soll die Filmmusik an dieser Stelle des Filmes bewirken? Mithilfe von Filmmusik ist es möglich, Gefühle wie Trauer, Spannung, Angst oder Freude zu erzeugen. Man kann die Wirkung bestimmter Bilder mittels der richtig gewählten Musik verstärken. Auf Musik aus dem Internet, von Audio-CDs oder sonstigen Medien sollte verzichtet werden, da es hier zu (Urheber-)recht-lichen Problemen kommen kann. An dieser Stelle bietet sich das lernfeldübergreifende Arbeiten mit dem Musikunterricht an, um z. B. eigene Kompositionen zu erstellen.

Sprachaufnahmen

In einem professionellen Aufnahmestudio bekommt man qualitativ hochwertige Studio-aufnahmen. Die Räume eines Aufnahmestudios sind speziell für diesen Zweck gedämmt, um etwaige Schallreflexionen zu vermeiden.

Professionelles Aufnahmestudio (SAE Leipzig) – Recording room.

Professionelles Aufnahmestudio (SAE Leipzig) – Control room.

Da das Mieten eines Aufnahmestudios meist einen wesentlichen Kostenfaktor darstellt, gibt es einige simple Methoden, um Sprachaufnahmen zu realisieren. Zum einen kann man direkt über einen Camcorder nur den Ton aufnehmen und diesen dann als einzelne Audiospur in das Schnittprogramm einspielen. Zum anderen gibt es spezielle Mikrofone, die direkt über USB oder den Mikrofoneingang an den Computer angeschlossen werden können. Hierbei muss darauf geachtet werden, dass die Mikrofone für Sprachaufnahmen geeignet sind. Häufig bekommt man auch mit dem in Headsets vorhandenen Mikrofon relativ gute Sprachaufnahmen zustande. In den verschiedenen Schnittprogrammen findet sich ein Audiorecorder wieder, um nachträglich aufgenommene Sprachaufnahmen direkt in das vorhandene Videoprojekt zu spielen. Der Raum, in dem die Aufnahmen getätigt werden, muss möglichst schallarm sein, um ein sauberes Stimmbild zu erreichen. Die Zusammenarbeit mit Universitäten und Schulen, welche über ein eigenes Aufnahmestudio verfügen, kann ebenfalls von Vorteil sein, um professionelle Aufnahmen zu erhalten.

Toneffekt und Geräusche

Mit einfachen Mitteln lassen sich Geräusche nachträglich selbst erzeugen. Aufgenommen mit einem guten Mikrofon, werden diese später im Videoschnitt in eine extra Audio-Spur importiert und können hier hinsichtlich Lautstärke an den weiteren Ton angepasst werden.

Beispiele für das Erzeugen von Toneffekten bzw. Geräuschen können sein:

* Hufschlag: durch das Aufeinanderklopfen zweier Kokosnusshälften,
* Fluss: Gießen von Wasser in einen Behälter,
* Meeresrauschen: mit einer Bürste über verschiedene Materialien, wie z. B. Blech streichen oder
* Donner: Schütteln eines Blechs oder einer straffen Pappe.

O-Ton

Der Originalton der Aufnahmen kann sowohl die Sprache der Darsteller als auch die Geräuschkulisse/Atmosphäre des jeweiligen Aufnahmeortes beinhalten. Möchte man Dialoge möglichst professionell aufnehmen, empfiehlt es sich, dies mithilfe kleiner Ansteckmikrofone oder einer Tonangel zu tun.

Die Tonangel bezeichnet einen Stab, an dem ein Mikrofon befestigt wird. Dieses wird während einer Aufnahme möglichst nah an die Akteure gebracht. Dabei ist zu beachten, dass das Mikrofon nicht im Bild zu sehen ist. Die internen Mikrofone von Camcordern sind je nach Ausstattung für die Arbeit im Hobby- bzw. semiprofessionellen Bereich akzeptabel. Der O-Ton sollte später im Schnitt nicht entfernt werden. Stellen, an denen keine Dialoge, Sprache o. Ä. zu hören sind, lassen häufig Zweifel daran aufkommen, ob der Originalton beibehalten werden soll. Entfernt man hier den O-Ton, schneidet man gleichzeitig auch alle typischen Geräusche heraus, d.h. die komplette Atmosphäre des Drehortes fällt weg. Das führt dazu, dass eine vollkommene Stille vorherrscht, was vom Betrachter bzw. Zuhörer als unnatürlich empfunden wird.

Hat man die Sprachaufnahmen getätigt, bieten programminterne Audiomixer die Möglichkeit, Audiospuren hinsichtlich ihrer Lautstärke weiter zu bearbeiten.

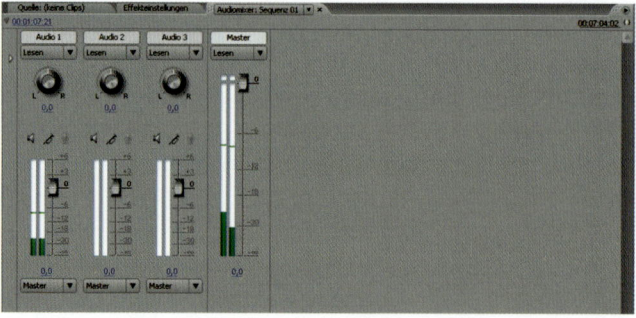

Audiomixer in Adobe Premiere CS3.

3.10 Projektbeispiel „Zu Besuch bei Frau Doktor Milchzahn"

Das folgende Projekt „Zu Besuch bei Frau Doktor Milchzahn" wurde im Wahlpflichtfach Medienarbeit am BSZ Eilenburg, Rote Jahne von angehenden Erzieherinnen im zweiten Ausbildungsjahr realisiert. Der gesamte Unterricht wurde je zur Hälfte in Theorie und Praxis aufgeteilt. Dies ist unerlässlich, um vor dem eigentlichen Projektbeginn gewisse Grundlagen im jeweiligen Bereich zu vermitteln.

Die Schüler sollten das Projekt bewusst nach bestehenden Interessen oder vorhandenen Vorkenntnissen auswählen. Von vornherein gab es zwei Faktoren, welche für die Projektplanung bzw. für den Projektverlauf enorm wichtig waren. Zum einem sollten alle Arbeiten in bzw. auf dem Gelände der Schule stattfinden. Dies schränkte besonders das Filmprojekt sehr ein. Zum anderen war eine strenge Zeitbegrenzung von zwölf Doppelstunden vorgegeben. In dieser Zeit sollte das Konzept erstellt werden und das eigentliche Projekt entstehen.

Die Planung

Im Zuge der Projekt- bzw. Ideenfindung erhielten die Schülerinnen ein Handout, in dem die Rahmenbedingungen und der Ablauf des jeweiligen Projektes stichpunktartig beschrieben waren. Hier wurden auch die Bewertungskriterien für die spätere Benotung des Projektes bereits festgelegt.

Ideenfindung:

- Themengebiet wählen (Film, Buch, Internetseite usw.);
- Zielgruppe definieren;
- Didaktisch aufzubereitendes Thema für die Zielgruppe auswählen;
- Informationen zum Thema aus verschiedenen Quellen sammeln;
- Altersgerechte Aufbereitung der Thematik entwickeln (Drehplan);

Umsetzung:

- Thematik in aussagekräftige Bilder/Szenen umsetzen, z. B. durch Zeichnen, Fotografieren, Bearbeiten am Computer oder Filmen mit der Kamera;

- Zusammenfügen von Ton-, Bild- und Videomaterial im Videoschnittprogramm;

- Ausspielen des fertigen Videoclips;

- Evtl. DVD-Erstellung (zeitabhängig);

Bewertungskriterien:

- Projektidee und Konzept inklusive Drehplan oder didaktischer Reihe;

- Umsetzung (Altersentsprechung, Einhaltung der didaktischen Prinzipien, Kameraführung, Schnitt);

Da die Gruppe, welche das Projekt „Zu Besuch bei Frau Doktor Milchzahn" entwickelte, aus fünf Personen bestand, konnten sich diese von Beginn an die Arbeiten aufteilen. So schrieben drei Schülerinnen am Konzept, während sich zwei mit der Funktionsweise der Kamera und des Stativs beschäftigten.

Auch wurde die Funktionsweise des Videoschnittprogramms in dieser frühen Phase der Projektplanung schon kurz vom Lehrer demonstriert. So bekamen die Schülerinnen eine Vorstellung vom Funktionsumfang des Programms. Für die Erstellung des Konzeptes inklusive Drehplan wurde ein Zeitrahmen von sechs Unterrichtsstunden festgesetzt, welcher eingehalten wurde.

Auch für den Aufbau des Konzepts wurden Rahmenbedingungen für die Schüler vorgegeben:

Zur Projektidee bzw. zum Konzept gehören:

1. Filmidee (Kurze Beschreibung der Filmidee).

2. Persönlicher Zugang zum Thema.

3. Projektbeschreibung/Inhalt (Worum geht es und was soll erreicht werden?).

4. Schauplätze (Wo wird gedreht?).

5. Tonalität/Stil (z. B. ernst, düster, lustig, belehrend usw.).

6. Gestaltung (Format 4:3 oder 16:9, Kameraführung, musikalische Untermalung, Lichtsetzung, Farbgestaltung).

7. Cliplänge (ca. Angabe, Zielgruppe beachten, Vor- und Abspann beachten!).

8. Zielgruppe/Positionierung (Für wen ist der Film geeignet?).

9. Aufgabenverteilung innerhalb der Gruppe (z. B. Kamera, Schnitt, Sprecher, Bildbearbeitung/Grafiken).

10. Grobe zeitliche Planung. (Beachten Sie die verbleibende Zeit. Wann möchten Sie drehen, ab wann soll der Schnitt beginnen?)

Das Konzept

Unter Berücksichtigung der Rahmenbedingungen entwickelten die Schüler ein Konzept inklusive Drehplan. Auch hier wurde wieder parallel gearbeitet. So arbeitete eine Kleingruppe hauptsächlich am Drehplan und die andere formulierte die zuvor gemeinsam erarbeiteten Inhalte des Konzepts aus.

Durch das Arbeiten in zwei Gruppen wurde das Konzept fristgerecht nach sechs Unterrichtsstunden fertig gestellt:

Lehrfilm „Zu Besuch bei Frau Doktor Milchzahn"

Filmidee

Zähne Putzen ist eine Thematik, die jeden Menschen im Laufe seines Lebens betrifft. Besonders in der Kindergartenzeit werden die Grundlagen für ein richtiges Zahnputzverhalten gelegt.

Persönlicher Zugang zum Thema

In der heutigen Zeit scheint das Zähneputzen in den Hintergrund geraten zu sein, da auffällt, dass viele Kinder bereits im frühen Kindesalter beschädigte Zähne aufweisen. Für angehende Erzieherinnen ist es besonders wichtig, sich im Hinblick auf ihr zukünftiges Arbeitsleben mit dieser Problematik auseinanderzusetzen.

Projektbeschreibung/Inhalt

In dem Lehrfilm wird die Notwendigkeit des Zähneputzens vermittelt. Die Hauptrolle übernimmt Hugo, der in Form einer Therapiepuppe dargestellt wird. Aufgrund von akuten Zahnschmerzen ist Hugo gezwungen, zum ersten Mal in seinem Leben einen Zahnarzt aufzusuchen. Die Zahnärztin stellt fest, dass Hugo nicht ausreichend über die richtige Zahnpflege informiert ist. Aus diesem Grund wird er spielerisch (z. B. in Form eines Experimentes und durch das Zahnputzlied) aufgeklärt.

Das Ziel des Lehrfilms soll es sein, die Zuschauer zu informieren und sich ggfs. mit der Hauptrolle zu identifizieren.

Drehort: Snoezelraum des Haus B im BSZ Eilenburg, Rote Jahne.

Requisiten: Tisch, Zahnarztkittel, Spiegel, Mundschutz, Zahnbürste, Zahnputzbecher, Zahncreme, Ei, Essig, Glas.

Tonalität: Wichtig ist in der Umsetzung, auf humorvolle und spielerische Art und Weise zu belehren.

Gestaltung

Zu Beginn wird das Zahnlied eingespielt, danach sind immer im Wechsel die Darsteller bzw. der Erzähler zu hören. Beim Zähne Putzen und im Abspann erklingt das Zahnputzlied „Rauf und runter, links und rechts". Die Kameraführung erfolgt ausschließlich vom Stativ. Es wird keine zusätzliche Lichtsetzung benötigt, da mit dem vorhandenen Licht der jeweiligen Räume gearbeitet werden soll. Die Zahnarztpraxis soll möglichst steril (Hintergrundfarbe Weiß) dargestellt werden.

Cliplänge: 4 Minuten 57 Sekunden.

Zielgruppe/Positionierung: Dieser Film ist vorrangig für Kinder im Kindergartenalter geeignet.

Aufgabenverteilung: Kamera: Enrico, Erzählerin: Juliane, Sprecher Hugo: Marit, Zahnärztin: Nadine, Schnitt/Bildbearbeitung: Carolin.

Drehplan

Bild	Zeit	Kameraein-stellung	Rollen	Dialog
1	0–5 Sek.	Praxisschild Großauf-nahme	Erzählerin	„Herzlich Willkommen liebe Kinder in der Zahnarztpraxis von Frau Doktor Milch-zahn."
2	6–8	Wartezim-mer Halbtotale	Erzählerin	„Der kleine Junge, den ihr hier seht heißt Hugo."
3	9–19	Hugo Großauf-nahme	Erzählerin	„Hugo hat heute etwas ganz Besonderes vor. Er geht heute zum ersten Mal zum Zahnarzt, zu Frau Doktor Milchzahn."
4	20–28	Zahnärztin Großauf-nahme	Erzählerin Fr. Dr. M.	„Und hier seht ihr sie, die Zahnärztin Frau Doktor Milchzahn. Frau Doktor Milchzahn ist schon fleißig bei der Arbeit." „Der nächste bitte!"
5	29–36	Hugo und Zahn-ärztin (in der Tür) Großauf-nahme	Fr. Dr. M. Hugo Fr. Dr. M.	„Wer bist du denn?" „Ich bin der Hugo, mein Zahn tut so weh!" „Dann setz dich doch erstmal auf den Stuhl, ich schaue mal nach."
6	37–39	Zahnärztin Halbnahe	Fr. Dr. M.	„Nun mach doch mal bitte deinen Mund auf."
7	40–42	Hugo (Mund) Großauf-nahme	Hugo	„Aaa…..!"
8	43–46	Hugo (Mund, Arm) Großauf-nahme	Fr. Dr. M.	„Aber Hugo deine Zähne sind ja ganz braun! Putzt du denn gar keine Zähne?"

Bild	Zeit	Kameraein-stellung	Rollen	Dialog
9	47–57	Hugo und Zahn-ärztin Nahaufnah-me	Hugo Fr. Dr. M.	„Nein, warum denn auch? Meine Zähne sehen schon lange so aus. Das ist normal." „Aber Hugo, normal ist das nicht. Gesunde Zähne sehen weiß aus."
10	58–63	Zahnärztin (Gesicht) Nahaufnah-me	Fr. Dr. M.	„Wieso können Zähne so braun sein? (Monolog) Was isst du denn Hugo?"
11	64–84	Hugo und Zahn-ärztin Nahaufnah-me	Hugo	„Also am liebsten esse ich Schokolade, Lutscher, Bonbons, Gummibärchen, Eis, Pommes Chips, Waffeln, Kuchen und am allerliebsten Kekse und wenn ich Durst habe, trinke ich am liebsten Cola, Eistee, Saft, Kakao und Tee mit ganz viel Zucker. Mhmmmmmm!"
12	85–104	Einblen-dung Bild: ungesunde Sachen	Erzählerin	„Kinder sind das denn wirklich alles gesunde Sachen?" (Kommentar) Pause „Nein, gesunde Sachen sind…" (Kommentar)
13	105–124	Zahnärztin (Gesicht) Nahaufnah-me	Fr. Dr. M.	„So Hugo, dann möchte ich dir aber mal etwas zeigen. Wenn du nämlich lauter ungesunde Sachen isst und keine Zähne putzt, passiert folgendes."
14	125–154	Experi-ment+ Hände Zahnärztin Großauf-nahme	Fr. Dr. M.	„Schau mal her, diese Eierschale reagiert genauso empfindlich auf Säure wie deine Zähne. Wenn wir nun die eine Eierhälfte mit Zahncreme putzen und die andere nicht und ein bisschen Zeit vergehen lassen, damit die Zahncreme die Zähne richtig reinigt…."
15	155–194	Experiment Großauf-nahme	Fr. Dr. M.	„… und wenn wir sie jetzt noch in Essig legen, Essig hat die gleiche Wirkung, wie Süßigkeiten auf deinen Zähnen, kann man sehen, dass die eine Eierhälfte durch die Zahncreme geschützt ist und nicht vom Essig angegriffen wird, aber bei der anderen ohne Zahncreme kommen ganz viel Blässchen und die Eierschale wird zerstört. Das passiert dann auch mit deinen Zähnen. Das heißt, dass die Zahncreme eine Art Schutzhülle für deine Zähne darstellt. Deswegen ist es besonders wichtig, dass du dir jeden Tag die Zähne putzt."

Bild	Zeit	Kameraein-stellung	Rollen	Dialog
16	195–202	Hugo Großauf-nahme	Hugo	„Das wusste ich ja gar nicht! Aber ich kann doch gar nicht richtig Zähne putzen. Wo-mit putzt man eigentlich Zähne?"
17	203–210	Hugo Großauf-nahme	Erzählerin	„Kinder wisst ihr es denn?" (Kommentar) Pause „Natürlich mit einer Zahnbürste." (Kom-mentar)
18	211–214	Zahnärztin Halbnahe	Fr. Dr. M.	„Ich zeige dir jetzt mal wie man richtig Zähne putzt."
19	215–239	Gebiss Nahaufnah-me	Fr. Dr. M.	„Rauf und runter, rechts und links und auch mal im Kreis, so musst du die Zähne putzen, dass du das nur weißt. Aber Hugo, du darfst keine Zähne vergessen! Du musst die oben, unten und die ganz hin-ten und ganz vorne putzen. So und jetzt probierst du es mal."
20	240–254	Hugo und Gebiss Halbnahe	Lied	Zahnputzlied
21	255–259	Hugo Großauf-nahme	Hugo	„Das war aber einfach! Wie oft muss ich mir meine Zähne putzen?"
22	260–268	Hugo Großauf-nahme	Erzählerin	„Wisst ihr denn liebe Kinder wie oft man am Tag die Zähne putzen muss?" Pause „Dreimal am Tag muss man die Zähne putzen"
23	269–275	Zahnärztin Halbnahe	Fr. Dr. M.	„Und weil du so toll mitgemacht hast, bekommst du von mir eine neue Zahnputz-ausrüstung."
24	276–281	Hugo Großauf-nahme	Hugo	„Oh Wahnsinn, das ist aber schön, meine erste Zahnbürste!"
25	282–297	Hugo und Zahn-ärztin Halbnahe	Erzählerin	„In Zukunft wird Hugo bestimmt ganz fleißig seine Zähne putzen, damit sie immer strahlend weiß sind. Und auch ihr solltet immer daran denken, eure Zähne zu putzen, vor allem wenn ihr genascht habt. Dann könnt ihr sicher sein, dass eure Zähne immer gesund bleiben."
26	298–312	Abspann und Ein-spielen des Zahnputz-liedes	Lied	Zahnputzlied

Zeitliche Planung

15.01.–29.01. Konzeption
05.02.–19.02. Aufnahme
26.02.–05.03. Audioaufnahme Sprecher
12.03.–09.04. Schnitt und Compositing
16.04. Präsentation

Häufig wird von den Schülern erst während der Projektplanung erkannt, dass zusätzliche Informationen mit zur Planung und somit auch ins Konzept gehören. So wurde im Beispiel „Zu Besuch bei Frau Doktor Milchzahn" ein zusätzlicher Punkt Requisiten mit ins Konzept aufgenommen. Bei der Aufgabenverteilung ist es von Vorteil, wenn es in jedem Aufgabenbereich einen Hauptverantwortlichen gibt. Dieser trifft notwendige Entscheidungen in seinem Teilbereich, informiert sein Team über die Abläufe und gibt das projektbetreffende Fachwissen weiter.

Umsetzung

Mithilfe eines ausführlichen Drehplans war es den Schülerinnen möglich, die Einstellungen chronologisch für den Schnitt vorzuplanen sowie den Drehplan effektiv und zeitsparend umzusetzen. So wurden z. B. alle Einstellungen, in denen Frau Doktor Milchzahn und die Therapiepuppe Hugo gemeinsam zu sehen sind, komplett an einem Stück gedreht. Danach wurden alle Szenen gedreht, in denen Hugo bzw. Frau Doktor Milchzahn einzeln im Bild zu sehen sind. Ganz zum Schluss wurden die Experimente aufgenommen. Somit entfielen zusätzliche Arbeiten wie das Wechseln der Kulisse, häufiges Umstellen der Kamera o. Ä.

Nachdem alle Einstellungen laut Drehplan aufgenommen wurden, spielten die Schülerinnen die gesamten Aufnahmen über ein Firewire-Kabel in den Rechner ein. Wichtig war zu diesem Zeitpunkt, eine entsprechende Ordnerstruktur auf der Festplatte aufzubauen, in der die verschiedenen für das Projekt benötigten Materialien übersichtlich gespeichert werden konnten.

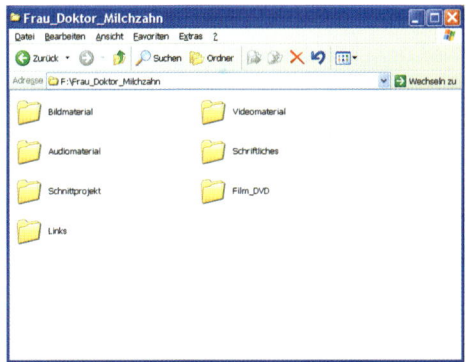

Nun galt es, das gesamte Filmmaterial auf der Timeline zu schneiden und zu ordnen. Die Schülerinnen machten hier lediglich einen Rohschnitt, d.h. sie ordneten das

Ordnerstruktur

Material nur grob an. Von den Einstellungen, welche mehrmals gedreht wurden, wählten sie die beste aus. Nachdem alles Material grob sortiert in der Timeline lag, wurde die Sprecher-Stimme eingesprochen und als zusätzliche Tonspur in das Projekt integriert. Die Schülerinnen teilten sich zu diesem Zeitpunkt in zwei Gruppen auf. Während sich eine Gruppe mit dem Feinschnitt beschäftigte, erstellte die zweite Gruppe alle für das Projekt benötigten grafischen Elemente in einem Bildbearbeitungsprogramm.

Als zusätzliches Grafikmaterial wurden ein Praxisschild und ein roter Pfeil benötigt. Dieser sollte verdeutlichen, welche Puppe die Hauptrolle in dem Lehrfilm spielte.

Während des Feinschnitts bestand die Hauptarbeit darin, das Filmmaterial so zu schneiden, dass sowohl die Stimme der Therapiepuppe und Zahnärztin Frau Dr. Milchzahn, welche beide im O-Ton aufgenommen wurden, als auch die nachträglich eingesprochene Sprecherstimme zu den Bildern des Films passten. Der Feinschnitt nahm die meiste Zeit der Projektarbeit in Anspruch. Bis kurz vor dem Ausspielen und Fertigstellen des Films wurden hier noch kleine Korrekturen vorgenommen. Sobald die Grafiken, welche in Adobe Photoshop im PAL/DV-Format erstellt wurden, fertig

Hugo im Wartezimmer

waren, wurden diese an die Gruppe, welche für den Schnitt zuständig war, übergeben. Über die Funktion Importieren wurden die Grafiken auf einer weiteren Videospur an der richtigen Stelle platziert und hinsichtlich der Länge angepasst.

Bewusst wurde von den Schülerinnen so oft wie möglich der Hartschnitt verwendet, es wurden also keine Überblendungen o. Ä. zwischen den einzelnen Einstellungen eingefügt. Nachdem der Film fertig geschnitten und alle Bild- sowie Audio-Elemente in der Timeline korrekt platziert waren, entstand der Vor- und Abspann. Am Anfang des Films wurde eine Starttafel verwendet, welche in Adobe Photoshop entstand. Als Abspann wurde ein vorgefertigter selbst ablaufender Abspann aus Adobe Premiere Elements eingesetzt, in welchem nur der Text angepasst wurde. Über das Dialogfeld Medien verteilen wurde das fertige Projekt im .avi-Videoformat exportiert.

Weitere Screenshots aus dem fertigen Lehrfilm

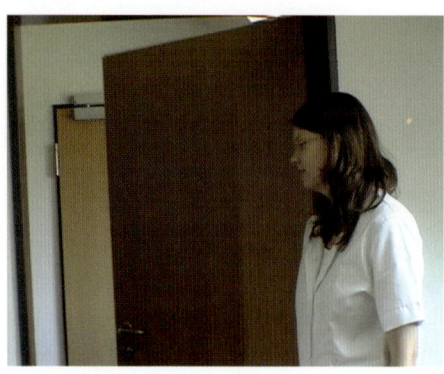

Frau Dr. Milchzahn öffnet die Tür

Hugo betritt das Behandlungszimmer

Die Untersuchung beginnt

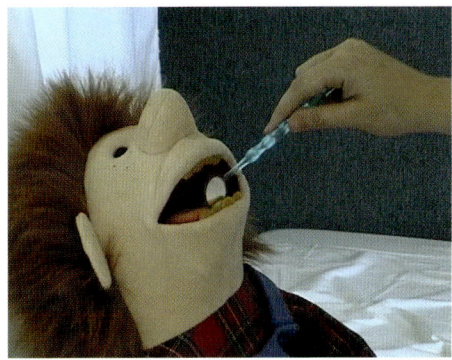

„Putzt du denn gar keine Zähne?"

Hugo und Frau Dr. Milchzahn im Gespräch

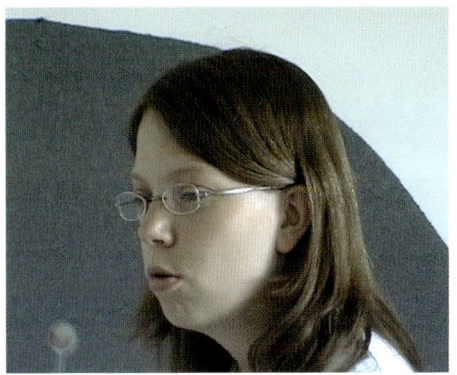

Monolog Frau Dr. Milchzahn

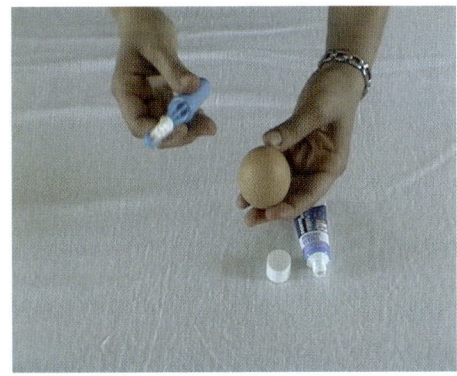

Die Vorbereitung des Experiments

Das Ergebnis des Experiments

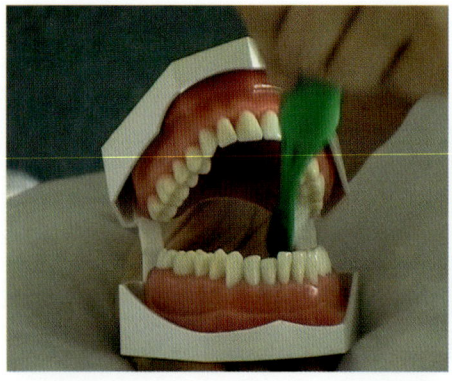
Die Konsequenz des Experiments, richtiges Zähne Putzen

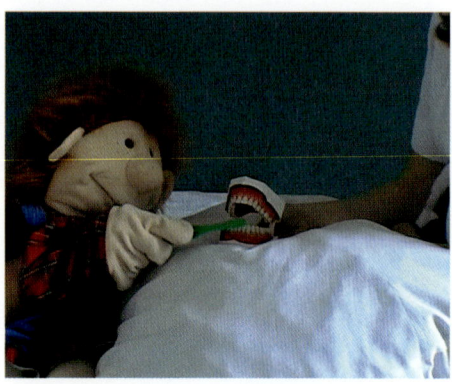
Zähne Putzen ist gar nicht so schwer

Hugo mit seiner Zahnputzausrüstung

Erzählerin spricht zum Abschluss zu den Zuschauern

3.11 Lernfeldübergreifendes Arbeiten und Themenwahl

Das Projekt Kurzfilm findet sich in den sozialpädagogischen Ausbildungsrichtungen im Bereich der kulturell-kreativen Kompetenzen und dem gezielten Arbeiten mit Medien wieder.

Zum einen kann ein im medienspezifischen Lernfeld gewähltes Thema für einen Kurzfilm medientheoretisch und medientechnisch bearbeitet werden. Andere Lernfelder könnten anhand ihrer spezifischen Inhalte beratend zur Seite stehen und somit die Ausgestaltung des Kurzfilms fachkompetent unterstützen.

Zum anderen kann ein Thema des Lernfeldunterrichts nach der theoretischen Bearbeitung handlungsorientiert umgesetzt und in einem Kurzfilm ergebnisorientiert festgehalten werden. Das medienspezifische Lernfeld bietet an dieser Stelle wieder das theoretische und technische Fachwissen zur professionellen Ausgestaltung, andere Lernfelder steuern wiederum ihr Wissen zum Thema bei.

Eine weitere Möglichkeit bietet ein von vornherein lernfeldübergreifendes Arbeiten. Da es meist thematische Überschneidungen mehrerer Lernfelder gibt, könnten diese die

Doppelungen nutzen und in einem Kurzfilm ihre fachtheoretischen Anteile zu einem größeren Thema zusammenfassen.

Die Wahl des Themas ist also abhängig von den Themen der einzelnen Lernfelder und der Intensität der Verknüpfung untereinander. Einen Kurz- bzw. Lehrfilm als Abschluss und Ergebnissicherung zu erstellen, stellt mit Sicherheit eine große Herausforderung für alle Beteiligten dar, bietet jedoch die Möglichkeit Wiederholung und Festigung einmal anders und schülernah umzusetzen und zusätzlich ein bleibendes Dokument zur weiteren Verwendung im Unterricht zu schaffen.

Das vorgestellte Projekt „Zu Besuch bei Frau Doktor Milchzahn" kann mit dem Thema Zahnpflege als Bestandteil des Lehrplans „Unterstützung kindlicher Entwicklung in den Bildungsbereichen" aus dem Lernfeld „Bildungs- und Entwicklungsprozesse anregen und unterstützen" des sächsischen Lehrplans für die Erzieherausbildung gesehen werden. In diesem Lernfeld wurden die theoretischen Grundlagen für die Unterstützung der somatischen Bildung gelegt. Das Lernfeld „Pädagogische Beziehungen gestalten und Gruppenprozesse begleiten" liefert das Hintergrundwissen zur altersgerechten Kommunikation als Grundlage einer erfolgreichen Beziehungsgestaltung, da Frau Doktor Milchzahn im Film mit der Puppe Hugo ein Gespräch mit Anleitungscharakter zum Thema „Wie putze ich richtig Zähne?" und zur Notwendigkeit der Zahnpflege führt. Im Lernfeld „Kulturell-kreative Kompetenzen weiterentwickeln und gezielt mit Medien arbeiten" haben mehrere Lehrplanthemen Anteil an der Umsetzung. Aus dem Bereich der „Sprachliche(n) Ausdrucksmöglichkeiten" findet „freies und zielgruppenorientiertes Sprechen zu verschiedensten Sachverhalten und in verschiedenen Situationen" statt. Der Fokus liegt hier im Unterschied zum Lernfeld der Beziehungsgestaltung auf der Sprache und Aussprache an sich. „Spielerische Ausdrucksmöglichkeiten" werden durch die Verwendung der Puppe umgesetzt. Wichtig ist an diesem Punkt die Synchronität von Lippen- bzw. Mundbewegung und Sprache der Puppe, was eine große Herausforderung für die Puppenspielerin darstellte, welche die Bewegungen der Puppe während des Bespielens nicht beobachten konnte.

Die letztendliche Umsetzung im Film erfolgte im Bereich „Mediale Ausdrucksmöglichkeiten". Alle notwendigen Fachkenntnisse zu Szenenaufbau, Beleuchtung, Kameraführung bis hin zu Schnitt und Fertigstellung als DVD wurden hier vermittelt und angewendet.

3.12 Methodische Hinweise zur Umsetzung des Projekts in der sozialpädagogischen Praxis

Die methodischen Hinweise folgen der Gliederung der Altersspezifik. Sie stellen lediglich Hinweise dar, wie mit Kindern oder Jugendlichen der entsprechenden Altersgruppe in der Projektarbeit verfahren werden kann.

3.12.1 Kinder im Alter von null bis drei Jahren

Die Auslassung der Altersgruppe null bis drei Jahre soll an dieser Stelle methodisch noch einmal begründet werden. Neben den kognitiven Voraussetzungen zur Rezeption sind Kinder in diesem Alter für die verschiedenen möglichen Aufgaben bei der Kurzfilmerstellung in ihrer Entwicklung noch nicht genügend vorangeschritten. Die Themenfindung in einer Krippengruppe gestaltet sich durch die unterschiedlichen Einzelinteressen sehr schwierig. Kinder in diesem Alter sind noch stark in das Alleinspiel und Parallelspiel vertieft, wobei jedes Kind seinen individuellen Bedürfnissen und Neigungen nachgeht. Ein Gruppenthema und damit einen Kompromiss könnte nur die Erzieherin durch eine Vorgabe des Themas herbeiführen. Der Aufwand, die Kinder für dieses Thema über Tage und Wochen zu begeistern, steht vermutlich in keinem Verhältnis zum abschließenden Ergebnis. Das anschließende Schreiben des Drehbuchs wäre eine Aufgabe, die vollständig dem Erzieher zukäme.

Als Schauspieler eignen sich Kinder dieser Altersgruppe nur bedingt, wenn es um die Umsetzung von Regieanweisungen geht. Um das Ende des zweiten Lebensjahres herum beginnen die Kinder sich im Rollenspiel auszuprobieren. In der Freispielzeit schlüpfen sie in verschiedene, vertraute Rollen und vollziehen typische Handlungen, z. B. „Mama kocht das Essen" oder „Wir gehen einkaufen". Dieses sog. freie oder spontane Rollenspiel unterscheidet sich vom gelenkten Rollenspiel nach Regieanweisung dadurch, dass die Kinder Zeit, Ort, Thema, Material und Spielpartner selbst wählen. Natürlich lassen sich solche Situationen filmisch festhalten, was aber der Beobachtungsdokumentation gleichkäme und nicht einem Kurzfilm.

Auch auf der Seite der technischen Umsetzung, z. B. beim Dreh, dem Einspielen in den PC oder dem Schnitt und der Nachbearbeitung, ist diese Altersgruppe klar im Nachteil. Aus entwicklungspsychologischer Sicht sind Bücher für Kinder in diesem Alter wesentlich bedeutsamer als die neuen Medien, weshalb für diese Zielgruppe auf das Drehen eines Kurzfilmes verzichtet werden sollte.

3.12.2 Kinder im Alter von drei bis sechs Jahren

Für Kindergarten- und Vorschulkinder stellt das Projekt Kurzfilm eine große Herausforderung dar. Die Kinder sind mit dem Medium Film bzw. Fernsehen schon mehr oder weniger vertraut und können sich vorstellen, was als Ergebnis am Ende herauskommen soll. Allen Beteiligten muss jedoch von Anfang an klar sein, dass das Drehen eines Filmes ein mittelfristiges Projekt der gesamten Gruppe ist und dass mit mehreren Wochen Arbeit zu rechnen sein wird. Für den Projektbeginn sollte aus diesem Grund im Jahresplan ein Zeitpunkt gefunden werden, der nicht von anderen, durch den Jahreskreis bestimmten Aktionen und Themen überlagert wird, es sei denn, man entscheidet sich dafür, beides zu kombinieren. Ein Beispiel hierfür könnte die Verfilmung des weihnachtlichen Krippenspiels sein, welche zusätzlich in die Dokumentation der Weihnachtsfeierlichkeiten in der Einrichtung einfließen kann.

Die Motivation zum Projekt könnte über die Faszination der Kinder für die bunten, bewegten Bilder entstehen. Wie spannend könnte es sein, selbst als Held der Geschichte, stark und mächtig, oder als schöne und kluge Prinzessin in einem kleinen Film mitzuspielen? Die momentanen Themen und Interessen der Kinder sollten prinzipiell aufgegriffen werden, um intrinsisch motiviertes Arbeiten zu erreichen. Hat man sich auf diese Weise für ein Rahmenthema entschieden, sind der eigentlichen Themenwahl für die Handlung an sich keinerlei Grenzen gesetzt, nachgespielte Märchen, eine eigene erdachte Geschichte, das Leben eines Indianerstammes sind ebenso möglich wie ein soziales Thema, z. B. Migration. Das Ausschmücken der Handlung sollte als demokratischer Prozess unter Einbeziehung der Ideen aller Kinder durchgeführt werden. Alle Ideen werden von der Erzieherin schriftlich fixiert, um ihre Verwendbarkeit und Reihenfolge während des Drehbuchschreibens zu überprüfen und ggfs. zu verwerfen. Hier bietet sich ein Flipchart an, einerseits aufgrund der Größe, auf der eine Menge Einfälle Platz finden, andererseits ist es so für alle Kinder gleichzeitig sichtbar, dass jede Idee ernst genommen und evtl. eingebaut wird. Die Kinder sollten gemeinsam die Reihenfolge der Ereignisse und damit den Verlauf der Geschichte festlegen, wodurch das Wir-Gefühl und das Verantwortungsgefühl für das gemeinsame Projekt gestärkt werden.

Aus der Geschichte kristallisieren sich dann die benötigten Charaktere heraus. Auch diese sollten auf einem gesonderten Flipchartblatt festgehalten werden. Das Schreiben der Handlung und die Bestimmung der Figuren verlaufen weitestgehend parallel, es lohnt sich also nicht sich zuerst mögliche Rollen auszudenken und diese hinterher in eine Geschichte einzubauen.

Für den Anfang, wenn sowohl die Kinder als auch der Erzieher noch unsicher mit dieser Form der Projektarbeit sind, bieten sich Märchen oder Geschichten zum Nachspielen an. Besonders für die jüngeren Kindergartenkinder eröffnen sich gute Möglichkeiten, sich im gelenkten Rollenspiel auszuprobieren. Damit würde auch das aufwendige Schreiben der Handlung entfallen, da das Märchen nur noch in ein Drehbuch umgewandelt werden muss. Die Erstellung des Drehbuchs sollte generell der Erzieherin überlassen bleiben, da die Handlung hierfür so verkürzt und in Regieanweisungen umgesetzt werden muss, dass sie für die Schauspieler nachvollziehbar und für das Verständnis des Films ausreichend bleibt. Eine frühzeitig zu klärende Frage ist der Einsatz von Schauspielern: spielen die Kinder selbst oder möchten sie an ihrer Stelle Puppen oder Spielfiguren agieren lassen?

Die Ausgestaltung der Figuren, egal ob durch ein Kind oder eine Puppe dargestellt, kann zuerst auf bildnerischem Wege erfolgen. Die Kinder zeichnen ihre Lieblingsfigur und gestalten diese mit passender Kleidung und dem notwendigen Zubehör aus. Bei den Drei- bis Vierjährigen können vom Erzieher entsprechende Umrisse der Figuren vorgegeben werden, welche die Kinder dann z. B. ausmalen. Im Gruppengespräch können die Entwürfe dann gemeinsam ausgewertet und die Entscheidung für eine Variante getroffen werden. Es lohnt sich, vorher den Verkleidungs- und Requisitenfundus der Einrichtung nach möglichen fertigen Kostümen zu durchstöbern, man erspart sich damit eine Menge Arbeit. Ansonsten können auch die Eltern über einen Aushang um Hilfe gebeten werden Kleidungsstücke und Gegenstände in die Einrichtung mitzugeben.

Entsprechend der Themenwahl kann für die szenischen Hintergründe auf dieselbe Weise verfahren werden. Die Kinder gestalten ihre Vorschläge auf Papier oder konstruieren die Szene mit Bausteinen, Knete, Puppenmöbeln etc. Eine andere Möglichkeit wäre die Suche nach passenden Räumlichkeiten innerhalb der Einrichtung oder im Außengelände.

Je nach Gruppenkonstellation und den Rollen der Kinder innerhalb der Gruppe kann der Erzieher während der Aufgabenverteilung und Rollenvergabe der Schauspieler lenkend in das Gruppengeschehen eingreifen und z. B. einen Außenseiter der Gruppe wieder näher bringen. Ein möglicherweise sehr dominantes Kind lernt hingegen sich zurückzunehmen, da alle Aufgaben und Rollen gleichberechtigt sind.

Der Anteil des zu sprechenden Textes für die Schauspieler sollte möglichst gering gehalten werden. Aufgrund der Merkfähigkeit reichen für die Gruppe der Dreijährigen ein bis zwei Sätze pro Szene und Kind aus. Lassen Sie lieber Mimik, Gestik und das Zusammenspiel für sich sprechen, da deren Wirkung im fertigen Film weitaus größer ist, als die gesprochenen Worte. Als Beleg hierfür seien (Trick-)Filme wie „Der kleine Maulwurf" oder „Das Sandmännchen" genannt, in denen bewusst auf Sprache verzichtet oder damit gespart wird. Kinder sind von den Ereignissen und Bildern so fasziniert, dass sie keine Erklärungen dazu benötigen. Für die Vorschulkinder kann der Textumfang entsprechend ausgebaut werden.

Bei den Proben sollte die Kamera schon zum Einsatz kommen, einerseits als Gewöhnungsphase der Kinder an die ungewohnte Situation gefilmt zu werden, andererseits als Übungsphase für die Erzieherin um zu prüfen, ob z. B. die Einstellungen korrekt waren. Zudem erhält man eine gute Dokumentation des Probenverlaufs, wodurch eine direkte Kontrolle der Umsetzung der Regieanweisungen und ein Verfolgen der Entwicklung der jungen Akteure möglich werden. Außerdem entsteht so eine Sammlung verschiedener Varianten der einzelnen Szenen, die beim Schnitt hilfreich sein können.

Es bietet sich an, die Kamera auf ein Stativ zu stellen, da die Erzieherin als Kamerafrau Blick und Hand frei hat, um evtl. korrigierend oder helfend einzugreifen. Mit Sicherheit werden sich die Kinder für die Kameratechnik interessieren und man sollte keine Scheu haben, ihnen diese zu zeigen. Die Bedienung sollte allerdings aufgrund der Empfindlichkeit der Technik und der relativ hohen Anschaffungskosten dem Erzieher vorbehalten bleiben. Auch das Schneiden des Videos und die Vertonung am PC sowie das Ausspielen als DVD sind die Aufgabe des Erziehers. Wer sich dies nicht allein zutraut, kann z. B. Unterstützung bei den örtlichen Medienstellen oder regionalen Fernsehsendern suchen.

3.12.3 Das Grundschulalter, ältere Kinder und Jugendliche (ab sieben Jahren)

Mit zunehmendem Alter wachsen auch die Aufgaben für die Kinder und Jugendlichen, wobei der Erzieherin schrittweise die Rolle des Moderators, Beraters und Unterstützers zukommt. Von der Themenfindung über das Schreiben des Drehbuchs, das Herstellen der Requisiten, die Rollenverteilung, das Bedienen der Kamera bis hin zum Schnitt und fertigen Film können die Kinder und Jugendlichen intensiv in alle Arbeitsschritte einbezogen werden. Als Motivation für das Projekt können Themen aus dem Lebensumfeld und dem Alltag der Teilnehmer dienen. Außerdem ist das Anschauen von Filmen z. B. im Kino eine beliebte Freizeitbeschäftigung, so dass das Nachspielen eines Films bzw. die Umsetzung einer eigenen Idee von Interesse sein dürfte. Ein guter Projektauftakt könnte ein Kinobesuch oder, wenn vor Ort die Möglichkeit dazu besteht, der Besuch eines Film- bzw. Fernsehstudios sein. Alle großen Sender und Studios bieten Führungen an, die einen Einblick hinter die Kulissen gewähren. Prinzipiell sollten alle Ideen festgehalten und diskutiert werden, um alle Teilnehmer für das Projekt zu motivieren und bei Laune zu halten.

Ein Zeitplan organisiert den Ablauf und verteilt gleichmäßig zu erledigende Aufgaben, sodass jeder gleichberechtigt involviert ist. Die Aufgabenverteilung ist dabei abhängig sowohl von den Einzelinteressen als auch den Vorkenntnissen und Talenten der Kinder und Jugendlichen. Kreative Köpfe eignen sich sehr gut für das Schreiben der Story, aber auch Requisite. Technisch Interessierte können sich in Dreh und Schnitt einbringen. Aufgaben können aber auch getauscht werden um in alle Bereiche einen Einblick zu erhalten. Prinzipiell bringt ein Zeitplan auch den evtl. nötigen Druck mit, das Projekt bis zum Ende durchzuhalten.

Dennoch ist gerade bei Jugendlichen mit einer hohen Abbruchquote zu rechnen, wenn die Aktivität in der Freizeit stattfindet. Andere Interessen überlagern schnell die anfängliche Begeisterung und es dauert schlicht zu lang, bis ein Ergebnis sichtbar wird. Je nach Gruppengröße kann sogar ein Scheitern des Projektes drohen. Die Erzieherin benötigt also ein gutes Gespür für die Stimmung und Motivation in ihrer Gruppe, um ggfs. unterstützend eingreifen zu können. Eine Möglichkeit ist das Einspielen von ersten Drehproben oder Szenen in den PC. Die Cutter können schon einen Teil schneiden oder die Akteure und Kameraleute auf Fehler hinweisen. Zudem entstehen hier schon sichtbare Ergebnisse, die neuen Antrieb liefern.

In allen Teilen des Projektes benötigen die Kinder und Jugendlichen vor bzw. während der praktischen Umsetzung theoretisches Hintergrundwissen, welches durch den Erzieher oder eingeladene Fachkräfte z. B. über kleine Übungen vermittelt und angewendet werden kann. Somit lässt sich eine lange Serie von Versuchen und Irrtümern und damit Frustration vermeiden. Eine Auswahl solcher Übungen findet sich im Aufgabenteil dieses Kapitels. Dabei gilt der Grundsatz „weniger ist mehr". Zu viel Theorie ermüdet schnell und lässt die Motivation eher sinken. Kinder und Jugendliche wollen agieren. Außerdem müssen nicht alle Fehlerquellen von vornherein beseitigt oder vermieden werden, denn aus Fehlern entstehen neue Einsichten und durch learning by doing ist der Lerneffekt und das Erfolgserlebnis wesentlich höher als bei detailliert geplanten und gesteuerten Lernprozessen. Regelmäßige Treffen aller Teilnehmer und Arbeitsgruppen geben Auskunft über den Stand des Projektes und Probleme, die gemeinsam gelöst werden können. Die Erzieherin ist hier Beobachter und, wenn notwendig, Moderator. Es lohnt sich, bei diesen Treffen als Motivationsfaktor auch Zwischenergebnisse zu zeigen und nicht nur darüber zu sprechen. Es gilt zu beachten, dass Kinder und Jugendliche untereinander sehr kritisch und meist schonungslos ehrlich sind, was dem Ehrgeiz beim Projekt geschuldet ist.

Am Ende des Projektes steht die Präsentation des Kurzfilms, welche in einem angemessenen Rahmen erfolgen sollte. Eine Kinoatmosphäre lässt sich leicht durch die Anordnung der Bestuhlung imitieren, besonderes Highlight neben dem Film könnte die Herstellung und der Verzehr von Popcorn sein. Je nach Institution, in welcher das Projekt durchgeführt wurde, könnten, falls die Teilnehmer dies wünschen, auch Gäste wie Lehrer, weitere Erzieher oder Eltern eingeladen werden. Die Premiere sollte jedoch dem Team vorbehalten bleiben, da hier letztendlich durch das Ergebnis über Erfolg oder Misserfolg entschieden wird. Ein fertig gestellter Film ist natürlich in jedem Fall ein Erfolg, aber die Erwartungen der Beteiligten zur Qualität sind sehr unterschiedlich. Beifall am Ende der Vorstellung und ein reflektierendes Gespräch als Abschluss können zuviel (Selbst-)Kritik in ihre Schranken weisen und vielleicht sogar die Motivation für ein neues Projekt schaffen. Eine Fortsetzung der Arbeit mit dem Medium Film ist aus pädagogischer Sicht vor allem für Jugendliche sinnvoll, da hier ein Stück Freizeitpädagogik umgesetzt werden kann. Ehemalige Projektteilnehmer können im neuen Projekt ihre Kenntnisse vertiefen und weitergeben, was dem Erzieher wiederum die Einführung in Grundlagen erleichtert bzw. erspart. Wie wäre es z. B. mit der Gründung eines Filmclubs?

3.13 Weiterführende Literatur

Grundlagen

- Dunker, A.: eins zu hundert: Die Möglichkeiten der Kameragestaltung. UVK Verlagsgesellschaft mbH, 2009.

- Jacobshagen, P.: Filmrecht im Kino- und TV-Geschäft: Alles was Filmemacher wissen müssen. Ppv Medien, 3. Auflage, 2008.

Filmproduktion

- Becher, F.: Kurzfilmproduktion (Praxis Film). UVK Verlagsgesellschaft mbH, 2007.

- Wendling, E.: Filmproduktion. Eine Einführung in die Produktionsleitung. UVK Verlagsgesellschaft mbH, 2008.

- Cleve, B.: Von der Idee zum Film: Produktionsmanagement für Film und Fernsehen (Produktionspraxis). UVK Verlagsgesellschaft mbH, 4., völlig überarb. Auflage, 2004.

- Sauerland, F.: Hollywood für Sparfüchse: Digitales Filmen (Praxis Film). UVK Verlagsgesellschaft mbH, 2. überarb. Auflage, 2008.

- Müller, A. H.: Geheimnisse der Filmgestaltung: Von der Aufnahme zum Schnitt. Schiele & Schoen, 2003.

Postproduktion

- Rogge, A.: Die Videoschnitt-Schule: Tipps und Tricks für spannendere und überzeugendere Filme. Galileo Press, 3. Auflage, 2009.

- Seimert, W.: Adobe Premiere Elements 8: Das Einsteigerseminar. Bhv Buch, 2010.

- Seimert, W.: Adobe Premiere CS4: Lernen, Üben, Anwenden. Bhv Buch, 2009.

- ComputerBild (Hrsg.): Foto & Video mit Photoshop- und Premiere-Elements. Ullstein Tb, 2008.

Filmgeschichte

- Lange- Fuchs, H.: Die Geburt des Kinos: Kommentierte Bibliografie und Filmografie. Handbuch für die praktische Medienarbeit zur Vor- und Frühgeschichte des Films mit Kindern und Jugendlichen. Bundesverband Jugend u. Film, 1994.

- Schäfer, H., Wegener, C.: Kindheit und Film: Geschichte, Themen und Perspektiven des Kinderfilms in Deutschland. UVK Verlagsgesellschaft mbH, 2009.

4 Projekt Kinderbuch

Seit der Erfindung des Fernsehens und des Internets wird das herkömmliche Buch immer mehr als gefährdetes Medium angesehen. Inzwischen drängt eine Vielzahl an E-Book-Lesegeräten auf den Markt, welche immer größeren Speicherplatz für die digitalen Bücher bieten. Eine ganze Bibliothek kann so problemlos und platzsparend auf den verschiedensten Datenträgertypen gespeichert werden.

Trotz der Vielzahl der heutigen Medien ist es vor allem für Kinder sehr wichtig mit dem Medium Buch zu arbeiten. Das Vorlesen in Verbindung mit der Bildbetrachtung sowie das eigenständige Lesen sind unerlässlich bei der Entwicklung kognitiver Fähigkeiten und letztendlich der Sprache. Zudem werden Kinder bei der Herstellung eines Buches in die Lage versetzt, ihr gesamtes Repertoire an Ideen, Fähigkeiten und Fertigkeiten einzubringen und am Ende ein dauerhaftes Ergebnis in den Händen zu halten. Durch die Arbeit mit dem Computer und der entsprechenden Software ist es mittlerweile für alle möglich, ein eigenes Buch zu erstellen.

4.1 Zielstellung

Das Bilderbuch an sich hat vielfältige Wirkungen auf die Entwicklung des Kindes, z. B. öffnen Bücher dem Kind die Welt und lassen trotzdem noch Spielraum für die eigene Fantasie. Kinder lernen verschiedene Aspekte ihrer Umwelt verstehen. Die Auseinandersetzung mit den Bildern und Inhalten erfordert kognitive Leistungen und regt zum Sprechen an. Der Zugang zu verschiedenen literarischen Gattungen, aber auch Kunststilen wird geschaffen. Aus Sicht der Eltern und Erzieher ist die „Moral von der Geschicht'" der wohl wichtigste Aspekt, denn Bilderbücher vermitteln immer auch Werte und Normen.

Bildungsbereiche	Zielstellungen
Somatische Bildung	• Die Kinder erfahren einen Wechsel von sitzenden und bewegten Tätigkeiten (Sitzen am PC oder Tisch).
	• Sie begrenzen ihre PC-Arbeit zeitlich in Eigenverantwortung.
	• Sie erlernen bzw. üben das Entwickeln und Ausbauen von Geschichten und Charakteren im Rollenspiel.
	• Sie üben sich in der Lösung von Konflikten und erfahren damit Stressbewältigung.
	• Sie erlernen Eigenverantwortung durch die Übernahme von Teilaufgaben.
Soziale Bildung	• Die Kinder sind Hauptakteure und erfahren somit eine hohe Beteiligung.
	• Sie treten miteinander und mit den Erziehern in einen konstruktiven Dialog.
	• Sie treffen demokratisch Entscheidungen.
	• Alle Gruppenmitglieder haben teil an der Projektarbeit und dem Ergebnis.

Bildungsbereiche	Zielstellungen
	• Sie üben gegenseitigen Respekt und Toleranz.
	• Die Anerkennung der Leistungen und Fähigkeiten aller Kinder fördert Individualität.
Kommunikative Bildung	• Eine Gesprächskultur in der Gruppe entwickelt sich.
	• Die Kinder erfahren Sprache bildhaft und setzen sie als Schriftsprache um.
	• Damit wird Sprache sichtbar gemacht, was eine wichtige Voraussetzung zur Schulfähigkeit im Rahmen von Graphomotorik und phonologischer Bewusstheit darstellt.
	• Die Kinder üben sich in Empathie und Perspektivwechsel, vom „Ich" zum „Du" und „Wir".
	• Sie erlernen bzw. üben nonverbale Kommunikation und erproben deren Umsetzung in Bildern.
	• Der Literalisierungsprozess wird gefördert.
	• Es erfolgt eine Verbesserung der sprachlichen Fähigkeiten.
Ästhetische Bildung	• Die Kinder nehmen ihre Welt wahr und setzen sie gestalterisch um.
	„Vorrangig geht es nicht um ein Training isolierter Wahrnehmungsprozesse, sondern um die Schaffung von Möglichkeiten, dem ‚Eindruck einen Ausdruck' zu geben." *(Sommer, 1999, S. 45)*
	• Die Kinder experimentieren mit verschiedenen Materialien wie Papier und Malutensilien.
	• Sie lernen neue Techniken, z. B. Druckverfahren, kennen.
	• Sie verstehen Sprache als Mittel, um Gefühlen Ausdruck zu verleihen und erkennen die Betonung als gestalterisches Mittel beim Erzählen.
	• Sie setzen Bewegungen gestalterisch um bzw. fangen diese ein.
	• Sie üben sich in der bildnerischen Gestaltung der Geschichte.
Naturwissenschaftliche Bildung	• Sie entdecken den Herstellungsprozess eines Buches und probieren diesen aus.
	• Sie erfahren und nutzen das Buch als Raum für eigene wissenschaftliche Erklärungen.
	• Sie erproben technische Hilfsmittel, z. B. PC, Scanner, Drucktechnik und Bindetechnik.
	• Sie üben sich im Umgang mit Ressourcen, z. B. bei der Wahl des Druckverfahrens und der Vervielfältigung der Exemplare.

Bildungsbereiche	Zielstellungen
	• Sie setzen sich mit der natürlichen Umwelt, dem Hintergrund der Geschichte und ihrer Charaktere auseinander.
Mathematische Bildung	• Sie ordnen den Ablauf der Geschichte, die Seiten für den Druck etc.
	• Es erfolgt die Förderung der Vorstellungen von Geometrie, z. B. Raumlage, Perspektive und Größenverhältnisse durch die Seitenaufteilung im Buch sowie Positionierung von Bild und Text.

Kinder können sich mit dem Charakter oder Inhalt der Geschichte identifizieren, die Ereignisse im Buch entstammen ihrer Erfahrungs- und Gedankenwelt. Demzufolge wird den Geschichten auch immer die kindliche Moral zugrunde gelegt.

Fazit: Gestaltet man mit Kindern ein Buch, wird man als Erzieher in die Lage versetzt, während des Projektzeitraumes bei den Kindern alle Entwicklungsbereiche ganzheitlich zu fördern. Für Kinder ist es immer spannend und vor allem lernintensiv etwas selbst auszuprobieren. Sie sind intrinsisch motiviert, dies ist die beste Voraussetzung für das Lernen überhaupt.

4.2 Theoretische und technische Grundlagen

Für das Projekt Kinderbuch benötigen Sie:

• eine gute Idee und Zeit,

• einen Computer inkl. Scanner,

• einen Drucker,

• eine geeignete DTP- oder Bildbearbeitungssoftware,

• ein Bindegerät,

• einen Lichtkasten (nicht zwingend notwendig),

• ein Grafiktablett (nicht zwingend notwendig) und

• Mal- und Zeichenutensilien, z. B. Bleistifte in verschiedenen Stärken, Radiergummi, Fineliner oder dünne Filzstifte, Farben und Pinsel.

4.2.1 Technische Grundlagen

Scanner

Die Hauptaufgabe des Scanners besteht darin, die Bildinformationen der eingelegten Vorlage zu erfassen und zu digitalisieren. Bei diesem Vorgang findet eine Unterteilung in ein Raster und somit eine Zerlegung in Pixel statt. Wie groß letztendlich ein solches Pixel ist, kann man über die Scanauflösung in den verschiedenen Programmen festlegen. Für das Kinderbuchprojekt reicht ein A4-Scanner vollkommen aus. Besitzt man noch keinen

Scanner und möchte sich ein solches Gerät neu anschaffen, lohnt es sich, auf Zusatzoptionen wie Texterkennung, Dia-Aufsätze oder auch entsprechende Software-Pakete zu achten. Häufig wird beim Neukauf eines Scanners Bildbearbeitungs- bzw. Texterkennungssoftware mitgeliefert, welche im Fall eines Einzelkaufs erheblich teurer wäre.

Drucker

Möchte man ein Buch ausdrucken und hat dafür kein Profi-Gerät bzw. eine Druckerei zur Verfügung, sollte man einige grundlegende Dinge beachten:

- Druckt mein Drucker bis zum Rand? Dies sollte man vor allem bei der Gestaltung des Buches beachten.

- Bis zu welcher Blattstärke druckt mein Drucker? Gerade beim Gestalten von Kinderbüchern spielt die Blattstärke eine wichtige Rolle, je stärker die Blätter, desto langlebiger wird das Buch sein.

- Ist ein doppelseitiger Druck möglich?

- Genügt die Druckqualität meinen Anforderungen?

- Welche Kosten in Hinsicht auf Farbpatrone oder Toner entstehen beim Druck?

Häufig macht es Sinn, das Buch nach dem Gestalten in einer Druckerei oder einer Online-Druckerei fertigen zu lassen. Man kann sich das Buch drucken und fertig binden lassen. Hier hat man auch die Möglichkeit verschiedene Bindungen und Papierstärken zu wählen. Die Seitenanzahl und Umschlagsgestaltung sind ebenfalls variabel. Wählt man diese Form des Drucks, kann man sich die Anschaffung von teurem Drucker und Bindegerät sparen. Eine weitere preiswerte Alternative sind Kopiergeschäfte. Hier kann man kleinere Arbeiten wie etwa das Binden des Buchs selbst übernehmen und Geld sparen.

> ### Tipp
>
> *Sogenannte Fotohefte mit einer Seitenanzahl von zwölf Seiten werden schon für unter zehn Euro im Handel angeboten.*

Lichtkasten

Ein Lichtkasten oder Leuchttisch ist ein einfacher beleuchteter Kasten, der es ermöglicht, durch Papier zu blicken. So können Zeichnungen abskizziert oder Bildfolgen für ein Comic erstellt werden. Lichtkästen gibt es in verschiedenen Größen. Mit ein wenig handwerklichem Geschick lässt sich ein solches Hilfsmittel einfach selbst herstellen.

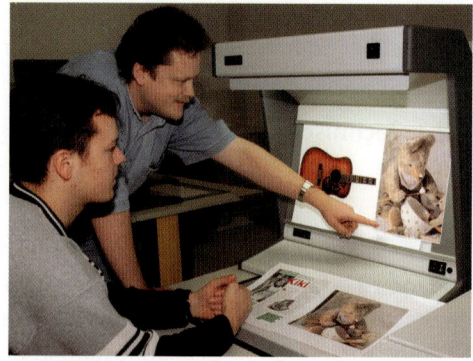

Lichtkasten

4.2.2 Theoretische Grundlagen

Ein selbst gestaltetes Buch in Händen zu halten ist für jeden, egal ob groß oder klein, ein tolles Erlebnis. Damit es aber auch den eigenen Ansprüchen genügt, sprich gefällt, gilt es einige Grundlagen beim Arbeiten mit Texten und Bildern zu beachten.

Raster- oder Vektorgrafik?

Wenn es um Grafiken am Computer geht, wird generell zwischen Rastergrafik und Vektorgrafik unterschieden. Auffälligster Unterschied beim Vergleich beider Grafiktypen ist die Qualität. So ist es bei einer Vektorgrafik möglich, diese ohne spürbaren Qualitätsverlust unendlich zu vergrößern bzw. zu skalieren. Die Pixel- oder Rastergrafik dagegen „verpixelt" schnell und verliert bei der Vergrößerung an Qualität. Ein zweiter wesentlicher Unterschied besteht in der Komplexität der Grafiken. Die Vektorgrafik eignet sich besser für einfache Darstellungen. Die Pixel- oder Rastergrafik dagegen hat ihre Stärken eindeutig beim Darstellen von komplexen Grafiken, wie Fotos, die z. B. mit einer Digitalkamera aufgenommen wurden.

Einfachstes Beispiel einer Vektorgrafik sind die Schriftarten in Textverarbeitungsprogrammen. Theoretisch kann man diese Schriften unendlich vergrößern, während die Qualität stets gleichbleibt.

Pixelgrafik   Vektorgrafik

Man sollte sowohl Vor- als auch Nachteile dieser beiden Typen kennen, um sie optimal im jeweiligen Bereich einzusetzen. Die meisten Grafikprogramme sind mittlerweile in der Lage mit beiden Formaten umzugehen, meist sind die verschiedenen Grafikanwendungen jedoch entweder für den Vektor- oder den Rastergrafikbereich konzipiert worden. Der Einsatzzweck bestimmt die Wahl des Grafikformats. So hat z. B. ein Bildbearbeitungsprogramm wie Adobe Photoshop seine Stärken bei der Bearbeitung von Raster- bzw. Pixelgrafiken. Dennoch kann es Vektorgrafiken erstellen, importieren, kopieren usw. Der Name einer Datei besteht aus Name und Dateierweiterung/-endung. Ein Beispiel hierfür ist „name.psd", hierbei handelt es sich um ein Photoshop Dokument, also eine Photoshop Datei. Anhand der Dateiendung kann man ablesen, um welches Format es sich handelt, meist gibt die Endung auch Aufschluss darüber, mit welchem Programm sie erstellt wurde.

	Raster/Pixelgrafik	Vektorgrafik
Vorteile	• stellt komplexe Bilder/Grafiken mühelos dar	• ohne Qualitätsverlust unendlich vergrößerbar • geringe Dateigröße
Nachteile	• verpixelt beim Vergrößern, d.h. Qualitätsverlust • hohe Dateigröße	• Darstellung komplexer Bilder nicht möglich
häufigste Dateiformate	• .tiff • .gif • .bmp • .jpeg • .png • .psd	• .svg • .eps • .swf • .ai • .cdr • .dxf
Anwendungsgebiete	• Digitalfotos • Scans • Handylogos • Filmaufnahmen	• Schriften • Diagramme • Logos • Technische Zeichnungen

Grafiktablett oder Handzeichnung?

Vor dem Beginn eines Projektes wie dem Erstellen und Gestalten eines Kinderbuchs steht folgende Entscheidung: Soll das Buch per Hand gezeichnet und anschließend eingescannt oder direkt am Computer mittels Grafiktablett gezeichnet werden?

Links eine eingescannte Handzeichnung (Pixelgrafik), rechts eine Zeichnung mit dem Grafiktablett erstellt (Vektorgrafik).

Handzeichnung

Soll ein Bilderbuch mit Handzeichnungen gestaltet werden, gilt es vorher zu überlegen, ob die Handzeichnungen komplett ausgemalt oder nur Konturen gezeichnet und diese später im Bildbearbeitungsprogramm gefüllt werden. Dabei müssen die Zeichnungen maßstabsgetreu angefertigt werden. Eine Zeichnung, welche im Buch später in voller A4-Größe zu sehen sein wird, erreicht die bestmögliche Qualität, wenn sie auch in diesem Format gezeichnet wird. Ist die Zeichnung zu klein, muss sie nach dem Scanvorgang vergrößert werden, was einen Qualitätsverlust mit sich bringt. Mittlerweile gibt es viele Programme, die das Vektorisieren von Handzeichnungen erlauben. Dennoch ist hier noch viel Nacharbeit und Feintuning erforderlich, um eine ansprechende Vektorgrafik zu erhalten. Oberster Grundsatz beim Zeichnen ist die Sauberkeit, da jede Verunreinigung auf dem Blatt später in mühevoller Kleinarbeit im Bildbearbeitungsprogramm wieder entfernt werden muss. Die Handzeichnungen sollten deswegen vor dem Scanvorgang noch einmal auf Sauberkeit überprüft werden. Die Konturen müssen ebenfalls nachgezogen werden. Lücken in den Konturen müssen ggfs. im Bildbearbeitungsprogramm geschlossen werden, bevor das Füllen der Fläche mit dem Farbeimer-Werkzeug beginnen kann.

Nachträgliches Beseitigen von Verunreinigungen im Bildbearbeitungsprogramm.

Grafiktablett

Ein Grafiktablett ist ein Zeigegerät ähnlich einer Maus und dient dem Steuern des Mauszeigers auf dem Bildschirm. Zum Grafiktablett gehören ein Stift und eine Platte. Zeichnet man mit der Stiftspitze auf der Platte, wird die Position der Stiftspitze erfasst und an den Computer weitergegeben. Sowohl das Tablett als auch der Stift verfügen über mehrere

Tasten, welche häufig durch mitgelieferte Treiber mit eigenen Shortcuts oder Funktionen belegt werden können.

Definition
Shortcuts sind Tastenkombinationen, mit denen Steuerbefehle an ein Programm gesendet werden. Z. B. „Strg+C" kopiert eine bestimmte Auswahl in die Zwischenablage.

So ist es möglich, häufig verwendete Befehle wie Einfügen, Ausschneiden und Kopieren auf bestimmte Tasten zu legen. Das Kontextmenü, welches beim Drücken der rechten Maustaste erscheint, ist meist standardmäßig auf einer festgelegten Taste des Stifts zu finden. Anders als bei einer Maus, welche immer wieder verschoben werden muss, arbeitet das Grafiktablett mit einer absoluten Positionierung. Befindet sich also der Stift auf dem Tablett in der oberen rechten Ecke, ist der Mauszeiger auf dem Bildschirm auch in der oberen rechten Ecke. Das Tablett ist also 1:1 auf den Bildschirm übertragbar.

Das Grafiktablett hat gegenüber anderen Eingabegeräten wesentliche Vorteile:

- Da es dem natürlichen Schreibvorgang sehr ähnelt, ist das Arbeiten mit einem Grafiktablett gegenüber der Maus sehr gelenkschonend und entspannend.

- Vorlagen können einfach abgepaust werden, indem man diese auf das Tablett legt.

- Mit dem Grafiktablett lässt es sich schneller und genauer arbeiten als mit Maus.

- Durch die druckintensive Spitze lassen sich u.a. die Pinsel- und Strichstärke steuern.

- Vektorgrafiken können direkt mit dem Stift gezeichnet werden.

Grafiktabletts finden ihre Anwendung häufig in der Audio- und Bildbearbeitung, im Videoschnitt, Grafikdesign oder CAD Software. Grafiktabletts findet man mittlerweile zu recht günstigen Preisen in jedem gut sortierten Computergeschäft.

Grafiktablett

RGB oder CMYK?

Möchte man ein Kinderbuch, eine Zeitschrift o. Ä. am PC gestalten, stößt man zwangsläufig auf die beiden Farbräume RGB (Rot, Grün, Blau) und CMYK (Cyan, Magenta, Yellow, Black). Da Geräte wie Drucker und Monitor völlig verschieden funktionieren und jedes Gerät somit seinen eigenen Farbraum hat, kommt es beim Zusammenspiel der beiden Geräte immer wieder zu Problemen.

Am besten zu erklären ist dies an folgendem Beispiel: Sie haben eine Grafik im Bildbearbeitungsprogramm erstellt und möchten diese ausdrucken. Beim Ausdruck merken Sie, dass die Farben am Monitor nicht denen des Druckergebnisses entsprechen. Das kann zwei Gründe haben. Zum einen sind Ihr Drucker und Ihr Monitor nicht aufeinander abgestimmt. Zur Behebung gibt es sog. Kalibrierungsprogramme. Zum anderen arbeitet ein Bildbearbeitungsprogramm standardmäßig im RGB-Farbraum, der Drucker benutzt aber den CMYK-Farbraum.

Eine einfache Lösung ist die Umwandlung der Grafik in den CMYK-Farbraum. In jedem Bildbearbeitungs- und DTP-Programm ist ein Farbwähler vorhanden. Mithilfe dieses Werkzeugs ist es möglich, eine bestimmte Farbe zu wählen. Im RGB-Modus kann man für jeden Farbkanal (Rot, Grün, Blau) Werte zwischen 0 und 255 definieren. Im CMYK Modus wird jeder Kanal (Cyan, Magenta, Yellow, Black) mit Werten von 0 bis 100 Prozent definiert.

RGB-Farbraum

Alle Farben, die ein Mensch wahrnimmt, setzen sich aus diesen drei Farben zusammen. Das additive Farbmodell findet seinen Einsatz in selbstleuchtenden Ausgabegeräten wie Monitor oder Fernseher, es kommt aber ebenfalls in Aufnahmegeräten wie der Digitalkamera, dem Camcorder oder Scanner zum Einsatz.

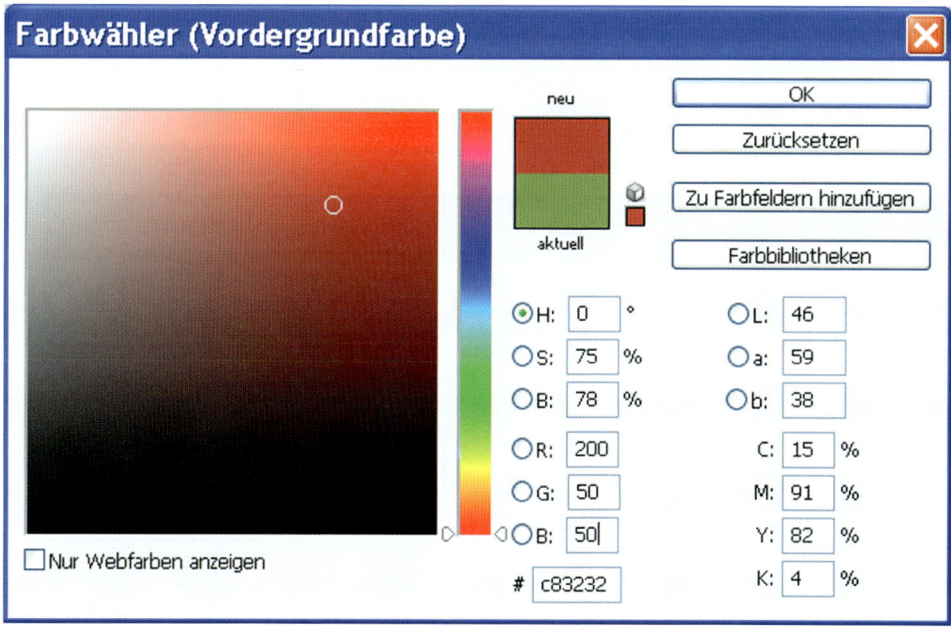

Photoshop-Farbpalette (RGB)

CMYK-Farbraum

Definition
Der CMYK-Farbraum ist ein subtraktiver Farbraum und besteht aus den vier Grund-farben Cyan, Magenta, Yellow (Gelb) und Key (Schwarz).

Die Farbe Schwarz ist nötig, da durch die Vermischung der anderen drei Farben ansonsten kein 100-prozentiges Schwarz entstehen würde. Zudem ist es nicht wirtschaftlich, Texte, welche ja meist schwarz gedruckt werden, aus den drei Farben Cyan, Magenta und Yellow mischen zu lassen. CMYK ist der Standard-Farbraum der Drucktechnik.

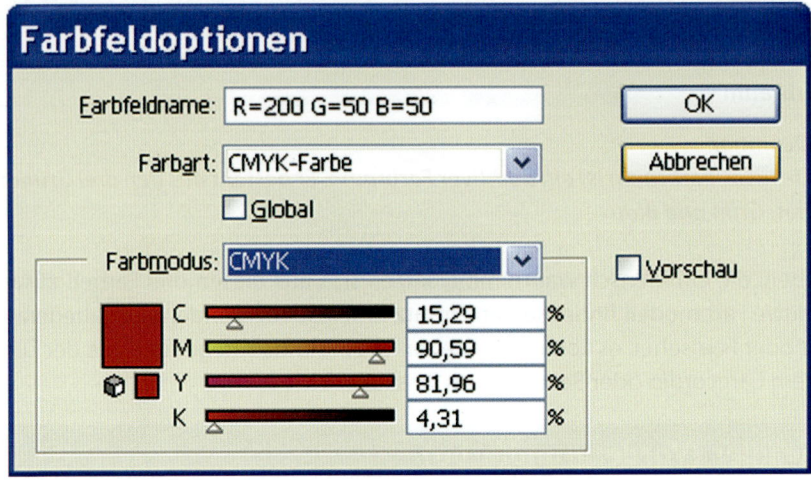

Farbfeldoptionen in Adobe Illustrator.

Farbraum	Grundfarben	Farbmischung	Anwen-dungsgebiet	Beispiel Farbcode Weiß
RGB	Rot	Additiv	Monitor	R: 255
	Grün	Rot, Grün, Blau gemischt ergibt	Digitalka-mera	G: 255
	Blau			B: 255
		Weiß		
CMYK	Cyan	Subtraktiv	Druck	C: 0%
	Magenta	Cyan, Magenta, Yellow gemischt ergibt Schwarz		M: 0%
	Yellow (Gelb)			Y: 0%
	Key (Schwarz)			K: 0%

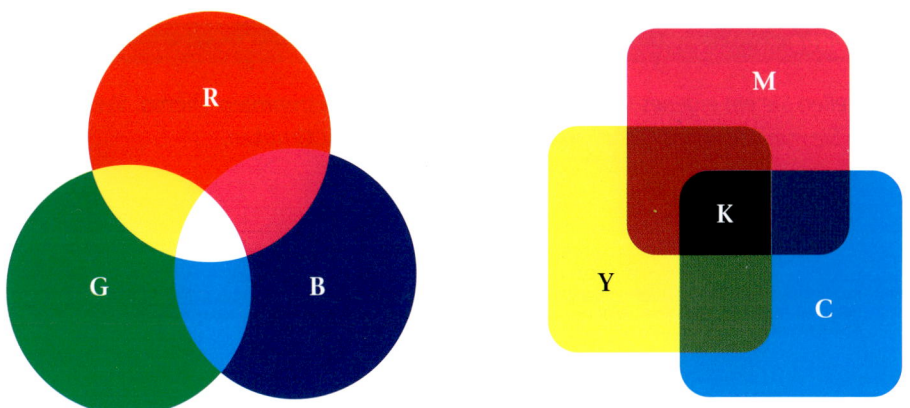

Links additive Farbmischung im RGB-Farbraum, rechts subtraktive Farbmischung im CMYK-Farbraum.

Gestaltungsraster

Gestaltungsraster sind Hilfskonstruktionen, welche Positionen und Abstände von Überschriften, Text- und Bildelementen, Logos, Spalten und Spaltenabständen beschreiben. Die Proportionen der Ränder, Größe des Bundes als auch der zu druckende Bereich wird hier ebenfalls beschrieben. Ein Gestaltungsraster sichert ein einheitliches Erscheinungsbild des zu druckenden Mediums. So befinden sich einzelne Gestaltungselemente stets an der gleichen Stelle. Zweckmäßig ist es, das Gestaltungsraster stets doppelseitig zu erstellen.

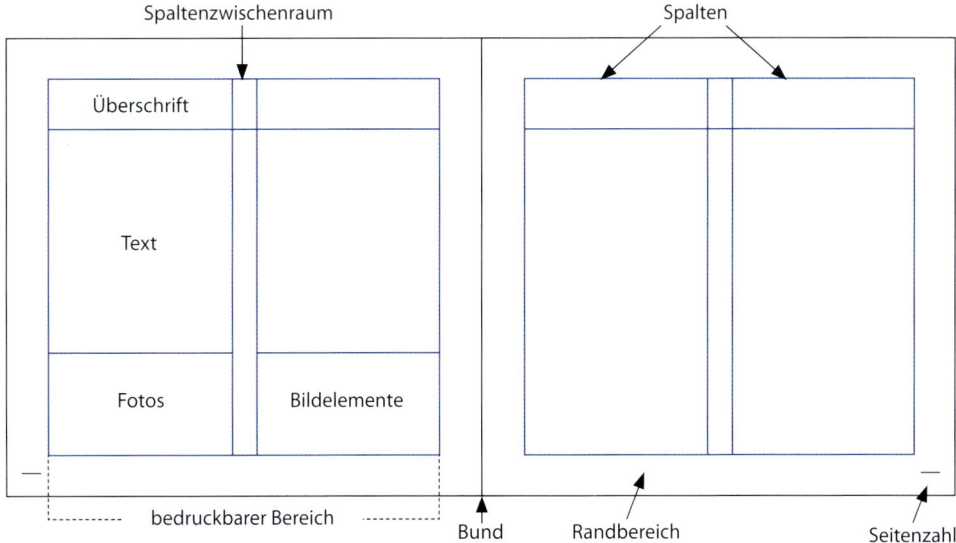

Beispiel eines Gestaltungsrasters

Je nach Programmtyp können Gestaltungsraster unterschiedlich erstellt werden. In Bildbearbeitungs- und DTP-Programmen ist das Arbeiten mit Hilfslinien von Vorteil. Mit dieser Hilfsfunktion ist es möglich, ein komplettes Gestaltungsraster innerhalb des Dokumentes anzulegen, Hilfslinien werden vom Drucker standardmäßig ignoriert und somit nicht mitgedruckt.

Erstellen Sie ein eigenes Gestaltungsraster zu einem bestimmten Thema. Verwenden Sie mindestens drei Textspalten und drei Fotos bzw. Grafiken.

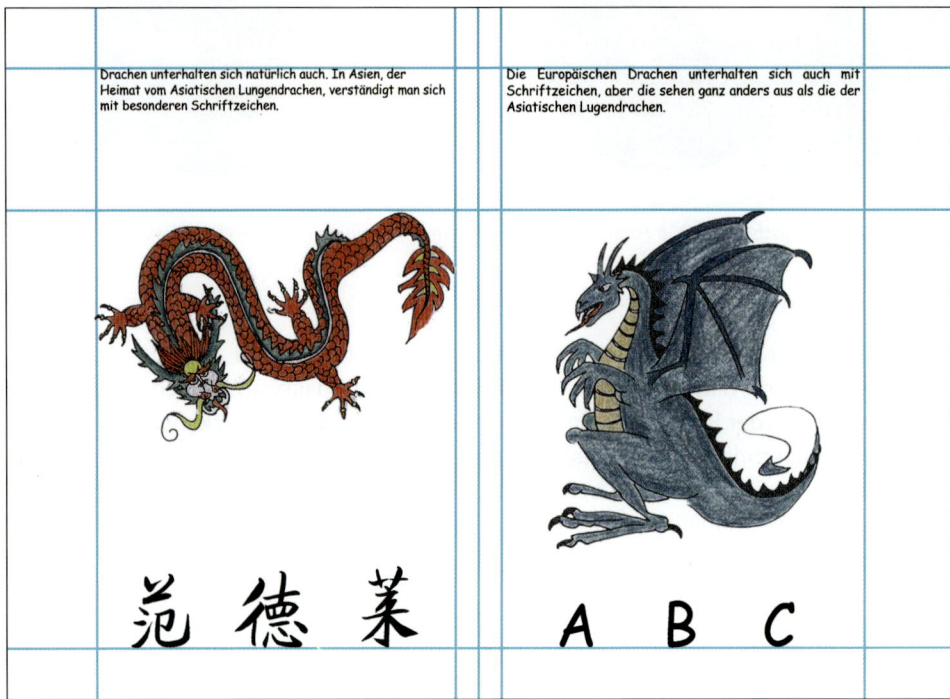

Drachen unterhalten sich natürlich auch. In Asien, der Heimat vom Asiatischen Lungendrachen, verständigt man sich mit besonderen Schriftzeichen.

Die Europäischen Drachen unterhalten sich auch mit Schriftzeichen, aber die sehen ganz anders aus als die der Asiatischen Lugendrachen.

Einfaches Gestaltungsraster für ein Kinderbuch.

Druck und Weiterverarbeitung

PDF (Portable Document Format)

PDF-Dateien gelten als plattformunabhängig. Sie können, sofern man den Acrobat Reader oder ein ähnliches PDF-Leseprogramm installiert hat, auf Mac-Rechnern, als auch auf PC- bzw. Linux-Systemen betrachtet werden. PDF-Dateien können aus fast allen Textbearbeitungs-, Bildbearbeitungs- und DTP-Programmen exportiert werden. Einmal exportiert behalten die PDF-Dateien ihre Formatierungen. Tauscht man z. B. Textdateien zwischen verschiedenen Rechnern, kommt es häufig zu Darstellungsfehlern. Seitenumbrüche werden falsch gesetzt, Schriftarten und Tabellen werden anders dargestellt. Dies liegt meist daran, dass verschiedene Textverarbeitungsprogramme oder auch nur verschiedene Programmversionen installiert sind.

Gerade wenn Daten an eine Druckerei gegeben werden, ist es wichtig, dass alle im Dokument vorhandenen Formatierungen korrekt dargestellt werden. Aus diesem Grund ist es hier von Vorteil das Dateiformat PDF zu verwenden. Werden spezielle Schriftarten im

Dokument benötigt, sollte man diese immer mit an die Druckerei liefern oder in den PDF-Einstellungen „alle Schriften in Kurven/Pfade wandeln" wählen. Auch beim Online Druck ist, wenn möglich, vom PDF-Format Gebrauch zu machen. So kann man sich sicher sein, dass der Druck auch wirklich dem am Computer erstellten Dokument entspricht.

Online-Druck

Onlinedruckereien für Bücher bzw. Fotobücher bieten ein immer besseres Angebot hinsichtlich Lieferzeit, Druckqualität und Preis an. Bevor man mit einem Projekt beginnt, welches online gedruckt werden soll, ist es ratsam, sich zu informieren, welche Dateiformate die jeweilige Druckerei unterstützt. Erst dann sollte man ein geeignetes Programm wählen.

Hat man sein Projekt beendet und in einem geeigneten Dateiformat vorliegen, ist es möglich, dies direkt an eine Onlinedruckerei zu übermitteln. Meist funktioniert dies über den Browser. Nachdem man die entsprechende Webseite aufgerufen hat, kann man sein eigenes Design bzw. seine eigene Datei hochladen. In einer Vorschau kann man jederzeit überprüfen, ob Textinhalte bzw. Bilder korrekt dargestellt werden. Häufig kann man noch Papierstärke und Papierqualität der einzelnen Seiten und des Einbandes wählen. Je nach Druckerei wählt man aus verschiedenen Bindungen, Formaten und Ähnlichem das Gewünschte aus. Ist der Upload der Dateien geglückt und alle zusätzlichen Angaben gemacht, ermöglichen einige Anbieter, sich einen Probedruck des fertigen Projekts zusenden zu lassen, häufig ist dies jedoch mit Mehrkosten verbunden. Nach nochmaligem Prüfen ist es möglich, den Druckauftrag zu bestätigen.

> **Tipp**
>
> *Die Möglichkeit des Probedrucks sollte man bei größeren Auflagen in Anspruch nehmen.*

4.3   Altersspezifik

Formal gesehen lassen sich Bilderbücher in drei Gruppen aufteilen:

- Bilderbücher ohne Text. Diese sind hauptsächlich für den Altersbereich null bis drei Jahre geeignet.

- Bilderbücher mit geringfügigem Text. Hier hat der Text die Funktion, die Bilder näher zu erläutern, zudem sollen die Kinder dazu animiert werden mitzusprechen.

- Bilderbücher mit viel Text (Bilder und Text haben den gleichen Umfang). Bild und Text sind gleichwertig zu betrachten. Nur dadurch ist es möglich, die Geschichte zu verstehen.

Bücher bilden für jede Altersgruppe ein wichtiges Medium zur Erschließung der Welt, aber auch zur Entspannung. Gerade in der Kindertagesstätte stellen Bücher mit ihren Geschichten, Reimen, aber auch Liedern vor allem für die kommunikative Bildung der Kinder eine bedeutsame Grundlage dar.

4.3.1 Kinder im Alter von null bis drei Jahren

Vor allem im Krippenbereich erhält das Buch durch das Vorlesen einen sehr hohen Stellenwert, wobei der Erzieherin die Rolle als Überbringerin der gedruckten Botschaft zukommt. Neueren Studien zum Lernen des Kleinkindes zufolge erwirbt das Kind Sprache erst durch das Zusammenspiel von Druckerzeugnis und einer Bezugsperson, welche das Buch mit dem Kind gemeinsam erschließt. Der Einsatz von Hörbüchern zur Sprachförderung im Krippenbereich schließt sich damit aus.

Geht man von der einfachsten Form des Kinderbuches, dem Bilderbuch, aus, so können auch Krippenkinder aus ihrem Erfahrungsbereich heraus ein solches Buch mitgestalten. Sie können z. B. Papier reißen oder schneiden und dieses dann aufkleben. Sie können mit unterschiedlichen Materialien malen, zeichnen oder drucken. Dabei kann die Motivwahl sowohl durch die Erzieher in Form von vorgegebenen Umrissen, die es zu füllen gilt, aber auch durch die Kinder selbst in freier Aktion erfolgen. Die gewählten Motive müssen dabei in keinem Zusammenhang stehen, für den Grad der Identifikation wäre es jedoch wichtig, dass die Ideen für die Bilder von den Kindern kommen und sie diese entsprechend ihrer sprachlichen Fähigkeiten auch benennen können. Wenn es jedoch um die Gestaltung eines betexteten Kinderbuches von der Idee für die Geschichte bis zum fertigen Buch geht, wird für die Krippe bzw. den Altersbereich der Null- bis Dreijährigen aus dem Projektcharakter eine Summe von Einzelaktionen mit einer starken Lenkung durch den Erzieher.

4.3.2 Kinder im Alter von drei bis sechs Jahren

Das Vorschulalter stellt für die Herstellung von Kinderbüchern der ersten beiden o.g. Gruppen das ideale Einstiegsalter dar. Die Kinder sind mit ihrer Umwelt und den in ihr stattfindenden Abläufen vertraut, kennen deren Ursache-Wirkungs-Prinzipien und sind in der Lage, Erfahrungen, Erlebnisse und Wissen zu etwas Neuem zu kombinieren. Dies sind die Grundvoraussetzungen, um eine Geschichte entstehen zu lassen. In der bildnerischen Ontogenese sind die Kinder soweit fortgeschritten, dass auf den Bildern das Motiv klar erkennbar ist. Sie beherrschen verschiedene gestalterische Techniken und sie sind in der Lage, längerfristig zu planen und auch gemeinsam an der Umsetzung des Plans zu arbeiten. Über Aufgabenverteilung und Ziel des Projektes tauschen sie sich, begleitet durch den Erzieher aus und verfolgen ausdauernd ihr Ziel, wenn sie vorher entsprechend motiviert wurden.

Definition
Unter bildnerischer Ontogenese versteht man die (individuelle) Entwicklung der bildnerischen bzw. zeichnerischen Fähigkeiten beim Kind.

4.3.3 Das Grundschulalter, ältere Kinder und Jugendliche (ab sieben Jahren)

Kinder im Grundschulalter können schon sehr viele Aufgaben bei der Bucherstellung selbst in die Hand nehmen. Das Erfinden einer Geschichte und ihres Charakters fällt Kindern in diesem Alter aufgrund ihrer kognitiven Fähigkeiten leicht, zudem sind sie in der Lage, den Text der Geschichte selbst zu verfassen. Auch die Gestaltung bzw. Bebilderung fällt in den Aufgabenbereich der Kinder.

Der Erzieherin fallen bei dieser Altersgruppe eher Aufgaben im Hintergrund zu: die Kinder beobachten, bei Fragen zur Seite stehen, den Umgang mit technischen Hilfsmitteln wie PC, Scanner, Drucker, Binde- oder Laminiergerät erklären und beaufsichtigen, aber auch regelmäßige Zusammenkünfte zur Überprüfung des Ist-Standes einberufen und die Kinder bei der Planung des Projektablaufes unterstützen.

Fazit: Bücher kann man mit Kindern und Jugendlichen jeden Alters gestalten. Dabei bestimmt die Altersgruppe bzw. jedes einzelne Kind mit seinen individuellen Fähigkeiten sowohl die Art als auch die Gestaltungsmethoden des Buches sowie den Grad der Lenkung durch den Erzieher.

4.4 Einblick Software

Zum Erstellen von Zeitschriften, Büchern, Flyern, Katalogen etc. ist es von Vorteil, mit einem geeigneten DTP-Programm zu arbeiten. DTP ist die Abkürzung für Desktop Publishing und bedeutet so viel wie Publizieren vom Schreibtisch aus. Mithilfe eines Computers, eines Monitors, einer geeigneten DTP-Software und eines Druckers ist es so möglich, eine Zeitschrift komplett am PC zu gestalten und im Anschluss zu drucken.

Wie in jedem anderen Software-Bereich finden sich auch im DTP-bzw. Layout-Bereich eine Vielzahl verschiedener Programme. Angefangen mit einfacher Software zum Erstellen und Bearbeiten von Dokumenten wie etwa Word oder Works bis hin zu Profi-Programmen wie Adobe InDesign oder QuarkXPress hat jedes Programm seine Vor- und Nachteile. Es ist zwar möglich, mit normaler Textverarbeitungssoftware eine Zeitschrift zu erstellen, jedoch stößt man hier schnell an die Grenzen des Programms. Ein genaues Setzen von Bildern oder Text ist hier nur bedingt möglich, auch fehlen

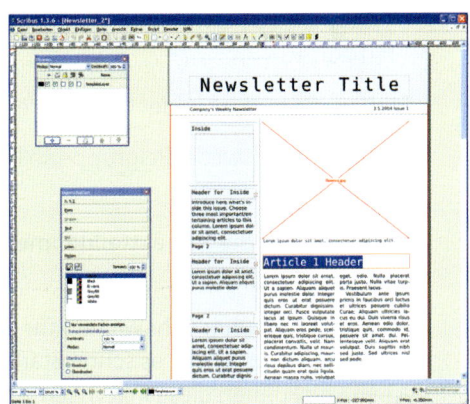

Benutzeroberfläche der kostenlosen DTP-Software Scribus.

wichtige Funktionen im Bereich der Druckvorstufe. Als sogenannte Freeware erhältliche Programme wie etwa Scribus bieten eine Vielzahl von Profifunktionen wie etwa CMYK-Ausgabe, Vektorzeichen-Funktion, PDF-Im- und Export u. Ä. Kommerzielle DTP-Software wie Adobe InDesign oder QuarkXPress lassen kaum Wünsche hinsichtlich der Erstellung von Büchern, Zeitschriften o. Ä. offen. Eine umfangreiche Programmoberfläche mit einer Vielzahl von Funktionen, Werkzeugen und Ebenenpaletten bietet alle Möglichkeiten zum professionellen Gestalten von Druckerzeugnissen.

4.5 Entwicklung eines Kinderbuchs

Auch zu Beginn des Projektes Kinderbuch steht das Konzept. Im Konzept wird das eigentliche Projekt schon festgelegt, so dass man sich während des praktischen Arbeitens immer am Konzept orientieren kann.

Ein Konzept für ein Bilderbuch könnte folgendermaßen aufgebaut sein:

- **Projektidee:** Die grundlegende Idee des Kinderbuchs wird beschrieben, hierfür reichen wenige Sätze aus.

- **Projektinhalt:** Die Geschichte wird ausführlich beschrieben, evtl. können hier auch schon der fertige Text und die Seitenanzahl stehen.

- **Persönlicher Zugang zum Thema:** Warum wurde sich für die jeweilige Thematik entschieden? Interessen der Kinder, Projektbezug in der Einrichtung.

- **Gestaltung:**

  - Satzspiegel (Welche Elemente werden wo angeordnet? Mögliche Elemente können sein: Seitenzahlen, Bilder, Schrift, Gestaltungselemente).

  - Farbgestaltung (Welche Farben werden verwendet und warum? Es können schon die ersten Farbcodes verwendet werden).

  - Typografie (Welche Schriftarten werden verwendet? Größe, Zeilenabstand, Schriftfarbe usw.)

- **Scribbles:** Erste Skizzen der Charaktere oder des Umfelds.

- **Zielgruppe:** Für welche Zielgruppe soll das Buch erstellt werden? Beachten der Altersspezifik.

- **Zielstellung für die Projektteilnehmer:** Unterscheidung prozessorientierter und ergebnisorientierter Ziele.

- **Aufgabenverteilung:** Sehr wichtig für den Erfolg des Projektes, wer mit welchen Aufgaben betraut wird. Gibt es schon Stärken der Schüler bzw. Kinder in bestimmten Bereichen und können diese ihr Wissen weitervermitteln?

- **Zeitliche Planung:** Wie viel Zeit wird in etwa eingeschätzt für die Konzeptfertigstellung, Umsetzung am Computer, Korrektur, Druck?

Schon vor dem Erstellen des Konzeptes sollte man nachfolgende Kriterien hinsichtlich der äußeren und inhaltlichen Gestaltung eines Kinderbuches beachten.

4.5.1 Äußere Gestaltung

Die Größe der Bildseiten variiert je nach Alter der Kinder. Für die Jüngsten sind kleine bis mittelgroße Seiten mit großräumigen, jedoch detailarmen Bildern von Vorteill, um dem Kind das Erfassen des Inhalts und das eigenständige Halten des Buches zu erleichtern.

Für Kindergruppen wiederum sind große Seiten wichtig, damit alle Kinder gleichermaßen die Bilder gut erkennen können. Mit zunehmendem Alter steigt die Anzahl der Details in den Bildern, die Seitengröße kann weiter variieren.

Sehr detailreiche Bilderbücher sind die sogenannten Wimmelbücher. Sie sprechen schon Kleinstkinder durch die Möglichkeit an, immer wieder etwas Neues zu entdecken. Auf den großformatigen Seiten finden sich unzählige kleine Geschichten und Ereignisse in Bildform, welche die Kinder zum Betrachten und Erzählen bzw. Benennen der Motive einladen.

Kinder benötigen bei der Bildbetrachtung klare Umrisse, um das abgebildete Motiv erkennen und zuordnen zu können. Die richtige perspektivische Darstellung kann also vernachlässigt werden. Zudem ist für Kinder eine realitätsnahe Darstellung nicht unbedingt wichtig, das Verwenden vereinfachter Formen, die sich auf wesentliche Merkmale beschränken, reicht zum Erkennen völlig aus.

Die Beurteilung eines (Bilder-)Buches durch Kinder erfolgt nicht zuletzt anhand der Farbgestaltung. Fühlt sich ein Kind durch die im Buch gewählten Farben angesprochen, so wird es sich mit dem Buch beschäftigen. Dabei wählen Kinder ganz unterschiedliche Bücher aus, denn Farben sind sowohl abhängig, als auch ganz individuell Einfluss nehmend auf unsere Stimmungen und unser Gefühlsleben. Diese Wirkung bezieht sich nicht nur auf den Betrachter, sondern das Bild selbst, welches mithilfe der Farbe einen ganz bestimmten Eindruck hervorrufen soll.

4.5.2 Inhaltliche Gestaltung

Die erste Frage, die man sich stellen sollte, bevor man ein (Bilder-)Buch gestaltet, ist die Frage nach dem Alter der Zielgruppe des Buches. Das Alter bestimmt nicht nur die äußere Gestaltung, sondern vor allem auch die Komplexität der Geschichte, egal ob in Bildern oder einem Text verpackt.

Bei der Bilderbuchbetrachtung als auch beim Vorlesen und selbst Lesen entstehen für das Kind permanent Situationen sich in Sprache zu üben, neue Begriffe dazu zu lernen und Zusammenhänge zu erkennen. Will die Erzieherin die sprachlichen und kognitiven Fähigkeiten der Kinder optimal fördern, sollte sie das Buch kennen und das Kind durch gezielte Fragestellungen durch die Bilder und Geschichten führen. Geschlossene Fragen bieten sich vor allem im Stadium der Ein- und Zweiwortsätze an um den Wortschatz zu trainieren und zu erweitern. Offene Fragen regen das Kind zum aktiven Sprachgebrauch durch Erzählen an, es kann Geschichten rund um das Bild erfinden oder eigene Erklärungen zum Bildinhalt finden.

„Dies kann durch handlungsreiche Bilder, die Darstellung von Konflikt- und Problemsituationen, offene Fragen und durch eine angemessene Betrachtung des Erfahrungsbereiches der Kinder erreicht werden."
(Marquardt, 2010, S. 53)

Bildunterstützende Texte führen das Kind und den Erzieher gezielt durch eine Geschichte. Das Bild wird durch den passenden Text mit einem konkreten Inhalt versehen. Das Anspruchsniveau des Textes sollte dabei dem kindlichen Sprachverständnis entsprechen. Es gilt zu beachten, dass Kinder in der Sprachentwicklung mehr passiv verstehen, als sie in der Lage sind, aktiv zu sprechen.

Bücher sind vor allem für Kinder eine Zugangsmöglichkeit zum Verständnis der Welt, die sie umgibt. Aus diesem Grund sollten in Büchern für Kinder Themen aufgegriffen werden, die Kinder tatsächlich bewegen und interessieren. Natürlich gehören auch Konflikte und Probleme zu diesem Erfahrungsbereich. Der pädagogische Hintergrund der Themen sollte den Kindern keine Angst machen, sondern mithilfe der Geschichte und ihrer Charaktere Lösungsmöglichkeiten aufzeigen. Dadurch können Kinder über ihren Stellvertreter Handlungsalternativen erproben und für sich entscheiden, ob sie diese in einer ähnlichen Situation selbst anwenden möchten.

4.6 Entwicklung der Geschichte

Bevor man eine Geschichte entwickelt, sollte man die Erfahrungsbereiche, Interessen und Bedürfnisse der Kinder herausfinden. Das individuelle Lieblingsthema oder der „Held" des Kindes sichert die Motivation zur Mitarbeit am Projekt vom Anfang bis zur fertigen Geschichte. Da Kinder spannende Geschichten schon bewusst wahrnehmen, ist es wichtig einen gewissen Plot, d.h. eine Handlung zu gestalten. Dadurch wird die Konzentration der Kinder gefördert, sie bleiben länger an einer Geschichte dran und können sich besser mit dem Held identifizieren. Es muss also ein sogenannter Spannungsbogen erzeugt werden.

Die einfachste Darstellung zum Aufbau einer Geschichte bzw. eines Spannungsbogens ist: Anfang, Mitte, Ende. Diese klassische Dreiaktstruktur, welche bis auf Aristoteles zurückgeht, findet auch heute noch in vielen Theatern, Filmen, Büchern ihre Anwendung. Einfache Beispiele für eine Dreiaktstruktur bzw. für die Aufteilung der Geschichte in Einleitung, Höhepunkt und Auflösung findet man häufig in Kindergeschichten wieder.

Ein Beispiel ist „Die Geschichte vom bösen Friederich":

„Der Friederich, der Friederich,
Das war ein arger Wüterich!
Er fing die Fliegen in dem Haus
Und riss ihnen die Flügel aus.
Er schlug die Stühl' und Vögel tot,
Die Katzen litten große Not.
Und höre nur, wie bös er war:
Er peitschte seine Gretchen gar!

Am Brunnen stand ein großer Hund,
Trank Wasser dort mit seinem Mund.
Da mit der Peitsch' herzu sich schlich
Der bitterböse Friederich;
Und schlug den Hund, der heulte sehr,
Und trat und schlug ihn immer mehr.
Da biss der Hund ihn in das Bein,
Recht tief bis in das Blut hinein.
Der bitterböse Friederich,
Der schrie und weinte bitterlich.
Jedoch nach Hause lief der Hund
Und trug die Peitsche in dem Mund.

Ins Bett muss Friedrich nun hinein,
Litt vielen Schmerz an seinem Bein;
Und der Doktor sitzt dabei
Und gibt ihm bitt're Arznei.
Der Hund an Friedrichs Tischchen saß,
Wo er den großen Kuchen aß;
Aß auch die gute Leberwurst
Und trank den Wein für seinen Durst.
Die Peitsche hat er mitgebracht
Und nimmt sie sorglich sehr in acht."

(Heinrich Hoffmann, Der böse Friederich, aus:
Der Stuwwelpeter, 1858)

Die „Geschichte vom bösen Friederich" aus dem „Struwwelpeter" ist ein klassisches Beispiel zum Aufbau einer Geschichte in drei Akten. Jeder dieser drei Akte hat eine bestimmte Funktion. Im ersten Akt wird die Geschichte bzw. der Charakter vorgestellt,
die Geschichte etabliert sich. Im zweiten Akt wird die Hauptspannung aufgebaut, hier
kommt es meist zum Höhepunkt, welcher häufig auch gleichzeitig den Wendepunkt
der Geschichte darstellt. Beim Beispiel des „bösen Friederichs" passiert dies genau in
der Mitte des zweiten Aktes, als der Hund in Friedrichs Bein beißt. Im dritten Akt geht
es um die Auflösung der Geschichte. Durch den Höhepunkt im zweiten Akt wird eine
Zielspannung bis an das Ende des dritten Aktes erzeugt. Man könnte den dritten Akt
auch als Showdown bezeichnen.

Christopher Vogler, amerikanischer Drehbuchautor und Publizist, beschreibt in seiner
„Reise des Helden" eine Anleitung für Drehbuchautoren. Diese dem klassischen Dreiakt-
aufbau folgende Theorie findet man nicht nur in Filmen, sondern auch in vielen Büchern
wieder. Besonders bei der Zusammenarbeit mit älteren Kindern lässt sich „Die Reise des
Helden" sehr gut zum Entwickeln einer Geschichte nutzen.

In der folgenden Tabelle wird Die „Herr der Ringe"-Trilogie von J. R. R. Tolkien mit der „Reise
des Helden" von Christoper Vogler verglichen.

Akt	Die Reise des Helden von Christopher Vogler	Wendepunkte	Der Herr der Ringe von J. R. R. Tolkien
1. Akt (25 Prozent der Geschichte)	1. Gewohnte Welt		1. Beutelsend und das Auenland, eine friedliche Gemeinschaft
	2. Ruf des Abenteuers		2. Fund des Rings, Begegnung mit Gandalf
	3. Weigerung		3. Geschichte des Rings, Wunsch Frodos ihn einfach wieder zu verstecken/ihn Gandalf zu geben
	4. Mentor		4. Gandalf bietet sich als Führer, Begleiter an
	5. Erste Schwelle	Erster Wendepunkt	5. Abreise aus der Heimat

Akt	Die Reise des Helden von Christopher Vogler	Wendepunkte	Der Herr der Ringe von J. R. R. Tolkien
2. Akt (50 Prozent der Geschichte)	6. Proben, Verbündete, Feinde		6. Proben: den Nazgul entkommen
			Verbündete: Merry, Pippin, Sam, Aragorn und die freien Völker
			Feinde: Sauron, die Heerscharen der Orks, Uruk´hai und Völker des Südens
	7. Vordringen zur tiefsten Höhle		7. Der Weg zum Schicksalsberg
	8. entscheidende Prüfung		8. Vernichtung des Rings
	9. Belohnung		9. Vernichtung Saurons
	10. Rückweg	Zweiter Wendepunkt	10. Rettung vom brennenden Berg durch die Adler
3. Akt (25 Prozent der Geschichte)	11. Auferstehung		11. Genesung
	12. Elixier		12. Auf dem Weg zu den unsterblichen Landen gemeinsam mit den Elben

Aufgabe

Entwickeln Sie eine kurze Geschichte. Bauen Sie diese anhand der „Reise des Helden" von Christopher Vogler auf.

4.7 Projektbeispiel „Wer bin ich?"

Im folgenden Kapitel wird die Gestaltung des Kinderbuchs „Wer bin ich?" beschrieben. Das Projekt entstand im Fach Medienarbeit am BSZ Eilenburg, Rote Jahne. Da im Vorfeld entschieden wurde, das Projekt in einer Internetdruckerei drucken zu lassen, wurde das Buch aufgrund der dort vorgegebenen technischen Voraussetzungen mit einem Bildbearbeitungsprogramm realisiert, welches nur bedingt für die Erstellung eines Buches geeignet ist. So wurden in einer Datei einzelne Ordner bzw. Seiten erstellt und später als Bilddateien in einer Onlinedruckerei hochgeladen. Zum Einsatz kam Adobe Photoshop, der Marktführer im Bereich Bildbearbeitung. Die fertigen Handzeichnungen (Pixelbilder) wurden eingescannt und nur im Programm modifiziert. Der gesamte Unterricht wurde je zur Hälfte in Theorie und Praxis aufgeteilt. Dies ist unerlässlich, um den Schülern vor dem eigentlichen Projektbeginn Grundlagen im jeweiligen Bereich zu vermitteln. Das Projekt sollte bewusst nach bestehenden Interessen oder vorhandenen Vorkenntnissen ausgewählt werden.

Die Planung

Im Zuge der Projekt- bzw. Ideenfindung erhielten die Schüler einen Ausdruck, in dem die Rahmenbedingungen und der Ablauf des jeweiligen Projektes stichpunktartig beschrieben waren. Hier wurden auch die Bewertungskriterien für die spätere Benotung des Projektes festgelegt.

Ideenfindung:
- Themengebiet wählen (Film, Buch, Internetseite usw.).
- Zielgruppe definieren.
- Didaktisch aufzubereitendes Thema für die Zielgruppe auswählen.
- Informationen zum Thema aus verschiedenen Quellen sammeln.
- Altersgerechte Aufbereitung der Thematik entwickeln (Drehplan).

Umsetzung:
- Thematik in aussagekräftige Bilder/Szenen umsetzen, z. B. durch Zeichnen, Fotografieren, Bearbeiten am Computer oder Filmen mit der Kamera.
- Zusammenfügen von Bildern und Handzeichnungen.
- Bucherstellung bzw. Hochladen der Seiten für Onlinedruck.

Bewertungskriterien:
- Projektidee und Konzept oder didaktische Reihenfolge.
- Umsetzung (Altersentsprechung, Einhaltung der didaktischen Prinzipien, Gestaltungsgrundlagen).

Am Projekt „Wer bin ich?" waren zwei Personen beteiligt. Das Konzept wurde von beiden Schülerinnen gemeinsam erarbeitet. Während der Planungsphase wurden die späteren Arbeitsschritte, welche für die Buchillustrationen nötig waren, vom Lehrer kurz demonstriert. So bekamen die Schülerinnen eine Vorstellung vom Funktionsumfang des Programms. Für die Erstellung des Konzeptes wurde ein Zeitrahmen von sechs Unterrichtsstunden festgesetzt, welcher eingehalten wurde.

Für den Aufbau des Konzepts waren folgende Rahmenbedingungen vorgegeben:

Zur Projektidee bzw. zum Konzept gehören:

1. Buchidee (Kurze Beschreibung)
2. Persönlicher Zugang zum Thema
3. Projektbeschreibung/Inhalt (Worum geht es und was soll erreicht werden?)
4. Seitenaufbau (Wo sind die Text -/Gestaltungselemente im Buch platziert?)
5. Tonalität/Stil (z. B. ernst, düster, lustig, belehrend usw.)
6. Gestaltung (Mit welchen Techniken werden die Illustrationen umgesetzt?)
7. Seitenanzahl
8. Zielgruppe/Positionierung (Für wen ist das Buch geeignet?)
9. Aufgabenverteilung innerhalb der Gruppe (z. B. Konzept, Illustrationen, Bildbearbeitung)
10. Grobe zeitliche Planung (Beachten Sie die verbleibende Zeit.)

Das Konzept

Unter Berücksichtigung der Rahmenbedingungen entwickelten die Schülerinnen ein Konzept inklusive Ausarbeitung der Geschichte. Auch in diesem Projekt erfolgte eine Arbeitsteilung. Eine Schülerin arbeitete hauptsächlich am Konzept, die andere fertigte bereits grobe Skizzen der Hauptcharaktere an. Dadurch wurde das Konzept fristgerecht nach sechs Unterrichtsstunden fertiggestellt.

Kinderbuch „Wer bin ich?"

Buchidee

Kinderbücher spielen eine wichtige Rolle im Leben von Kindern. Sie sollen aufklären, Fantasie wecken und auch Möglichkeiten zur Identifizierung mit bestimmten Personen, in der Regel mit dem Protagonisten, ermöglichen. Durch die bearbeitete Thematik in dem Kinderbuch „Wer bin ich?" soll die Sensibilisierung für andere Kulturen erreicht werden. Der Protagonist des Buches ist Fidibus, ein Drache. Dieser Drache wurde bereits in der Arbeit im Kindergarten verwendet. Dadurch besitzt er bereits eine Biografie, die jetzt für den Inhalt des Kinderbuches genutzt wird. Ggfs. kann der Drache als Ergänzung zum Buch im Kindergarten eingesetzt werden.

Persönlicher Zugang zum Thema

Der Anteil an Kindern mit Migrationshintergrund nimmt weiter zu. Aus diesem Grund ist es besonders wichtig, die Kinder mit anderen Kulturen vertraut zu machen und Toleranz und Verständnis zu entwickeln. Für angehende Erzieherinnen ist es besonders wichtig, sich im Hinblick auf ihr zukünftiges Arbeitsleben mit dieser Situation auseinanderzusetzen.

Projektbeschreibung/Inhalt

Der Drache Fidibus kann sich durch seine äußere Erscheinung zu keiner bestimmten Drachenart zuordnen. Beide Elternteile gehören einer anderen Drachenart an (die Mutter gehört zu den Europäischen Drachen und der Vater ist ein Asiatischer Lungendrache) und Fidibus weiß gar nicht, zu wem er nun eigentlich gehört. Er steht sozusagen zwischen den Kulturen.

Im Folgenden werden im Buch verschiedene typische Eigenarten von den zwei Kulturen der Dracheneltern vorgestellt. Fidibus findet an sich selbst Eigenschaften von beiden Kulturen wieder und erkennt am Ende des Buches, dass die Vielfalt verschiedener Kulturen positiv zu bewerten ist. Diese Problematik des Drachen kann auf den Menschen übertragen werden.

Ziel des Buches ist es, die Kinder über die Existenz und die Vielfältigkeit anderer Kulturen zu informieren und über die Identifikation mit Fidibus Toleranz und Interesse zu entwickeln. Hierfür sollte das Buch gemeinsam mit den Kindern besprochen werden.

Seitenaufbau

Das Textfeld befindet sich in der Regel im oberen Teil der Seite. Die Bilder bilden den Hauptanteil und nehmen ungefähr zwei Drittel des Satzspiegels ein.

Beispiel für eine bildorientierte Optik des Deckblattes: Fidibus im Bildmittelpunkt mit fragendem Gesicht. Über ihm kreisen zwei Gedankenblasen, in der einen ist seine Mutter zu sehen, in der anderen sein Vater.

Tonalität/Stil: Wichtig ist, mithilfe dieses Buches die Kinder über andere Kulturen aufzuklären und zu sensibilisieren.

Gestaltung

Die Drachen werden mit Hand gezeichnet (Konturen mit schwarzem Fineliner, mit Buntstiften ausgemalt) und anschließend eingescannt, bearbeitet und in das Bild eingefügt. Einzelne Details werden evtl. mit Abbildungen aus dem Internet eingefügt. Hierfür werden freie Bilddatenbanken genutzt. Der Hintergrund wird in Weiß gehalten. Als Farben werden hauptsächlich Rot, Braun, Beige, Grün und Gelb in verschiedenen Nuancen verwendet, außerdem Schwarz und Weiß.

Seitenanzahl: Das Kinderbuch wird in der Größe A4 gedruckt und umfasst zwölf Seiten Text bzw. Geschichte plus Einband und Deckblatt.

Zielgruppe/Positionierung: „Wer bin ich?" ist vorrangig für Kinder im Alter von vier bis sechs Jahren geeignet.

Aufgabenverteilung: Geschichte: Juliane, Grafiken: Marit, Bildbearbeitung: Marit und Juliane.

Geschichte

„Das ist Fidibus. Fidibus ist noch ein sehr junger Drache, er ist gerade einmal 27 Jahre alt. Das ist für einen Drachen noch sehr jung, denn Drachen können über 500 Jahre alt werden. Gemeinsam mit seiner Mutter Glutmilla lebt er in einer kleinen, gemütlichen Drachenhütte am Rande einer großen Stadt. Seit gestern besucht Fidibus den Kindergarten. Die Kinder dort sind mächtig neugierig und wollen wissen, von welcher Drachenart er abstammt. Doch das weiß Fidibus selbst nicht so genau. Wie bei den Menschen, gibt es auch bei den Drachen unterschiedlich aussehende. Das liegt daran, dass es so viele Länder auf der Welt gibt. So gehört die Mutter von Fidibus, Glutmilla zu den europäischen Drachen. Sie kommt aus Rumänien, einem fernen Land im Osten. Der Vater, Yin Yan wurde in China geboren und wird somit dem asiatischen Lungendrachen zugeordnet. Und Fidibus? Sein Vater Yin Yan lebt in einer Höhle unter Wasser, denn dort gefällt es ihm besonders gut. Am liebsten frisst er gebratenen Schwan, aber Fisch und Vögel gehören auch auf seinen Speiseplan. Im Gegensatz zum asiatischen Lungendrachen verdrückt der europäische Drache, also auch Glutmilla, die Mutter von Fidibus, ganze Rinder und Schafe und legt sich danach zum Schlafen in eine Höhle, denn in dieser fühlt sie sich am wohlsten. Fidibus frisst besonders gern Fische und Schafe, aber gebratenen Schwan mag er überhaupt nicht. Eine Erfrischung holt er sich an einem großen See in der Nähe seiner Höhle. Drachen unterhalten sich natürlich auch. In Asien, der Heimat vom asiatischen Lungendrachen, verständigt man sich mit besonderen Schriftzeichen. Die europäischen Drachen unterhalten sich auch mit Schriftzeichen, aber die sehen ganz anders aus als die der asiatischen Lungendrachen. Fidibus hat das Glück, dass er sich mit zwei verschiedenen Schriftzeichen verständigen kann. Die asiatischen Schriftzeichen hat er damals, als er noch klein war, von seinem Vater gelernt. Mit seiner Mutter unterhält er sich nur mithilfe der europäischen Schriftzeichen. In Asien werden Drachen sehr gemocht. Die Menschen verehren sie sogar und haben großen Respekt vor ihnen. Viele malen oder fotografieren sie und hängen sie in ihre Wohnung. Die Europäer verehren die Drachen nicht, sie haben große Angst vor ihnen. Sie wissen nicht, dass die Drachen ihnen nichts Böses wollen, deswegen werden sie von den Menschen gefürchtet. Schon einige Male sind vor Fidibus Menschen weggerannt, weil sie Angst hatten. Fidibus aber hat viele Freunde und wer ihn kennt hat keine Angst mehr vor ihm. Und wo gehört Fidibus nun hin? Zu den asiatischen Lungendrachen oder zu den europäischen Drachen? Fidibus hat Eigenschaften von beiden Drachenarten, er ist also eine Mischung aus dem asiatischen Lungendrachen und dem europäischen Drachen. Jedes Kind hat bestimmte Eigenschaften von seinen Eltern, so wie Fidibus. Und weil seine Eltern zu verschiedenen Drachenarten gehören, hat Fidibus ganz unterschiedliche Eigenschaften und das macht ihn zu einem ganz besonderen Drachen."

Zeitliche Planung

15.01.- 29.01. Konzeption
05.02.- 26.03. Illustrationen, Handzeichnungen, Bildbearbeitung
02.04.- 09.04. Vorbereiten für den Druck
16.04. Präsentation

Umsetzung

Nach der Konzeption zeichneten die Schülerinnen alle Bildelemente, welche im Buch vorkommen, per Hand auf weißes Papier. Jedes Element wurde größtmöglich auf eine einzelne DIN A4-Seite gezeichnet. So hatte man später im Bildbearbeitungsprogramm die Möglichkeit, diese getrennt voneinander zu bearbeiten. Einzelne Bilder konnten so problemlos kopiert, eingefügt, gespiegelt und retuschiert werden. Beim Zeichnen wurde so sauber wie möglich gearbeitet, da jeder Strich oder jede Verunreinigung, welche sich außerhalb des relevanten Bildes befand, später im Bildbearbeitungsprogramm mit dem Werkzeug Radiergummi entfernt werden musste. Die Schülerinnen recherchierten zur gleichen Zeit im Internet nach einer geeigneten Fotobuch-Druckerei. Die Vorgaben, welche die Druckerei hinsichtlich Dateityp und Dateigröße gab, wurden schon beim Erstellen des Buches bzw. der Photoshop-Datei beachtet. Da die einzelnen Seiten als Bilddateien hochgeladen werden mussten, entschieden sie sich für das in Sachen Buchdruck eher untypische Gestaltungsprogramm Adobe Photoshop. Nachdem alle Bilder eingescannt waren, wurde in diesem Programm ein neues Dokument erstellt.

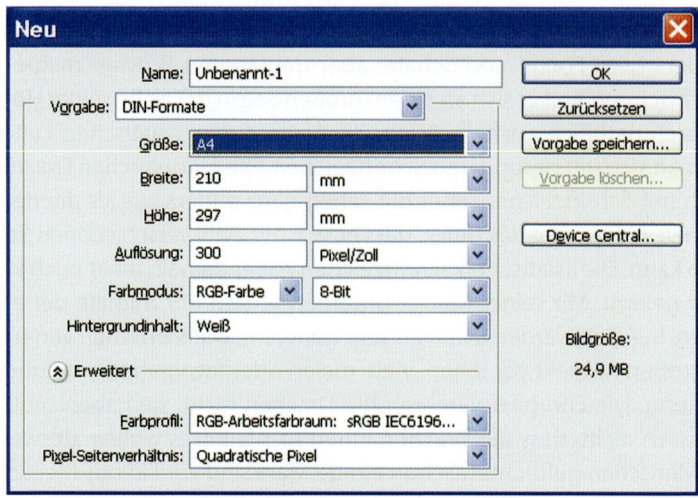

Erstellen eines neuen Dokumentes im A4-Format

Danach zeichneten die Schülerinnen ein grobes Gestaltungsraster mit Hilfslinien. Das Gestaltungsraster dient der Einhaltung der vorgeschriebenen Ränder und somit auch der Platzierung von Text- bzw. Bildelementen. Begonnen wurde mit der Titelseite. Im Ordner „Material" befanden sich alle Scans im .tif-Format. Die benötigten Dateien wurden geöffnet und mithilfe des Werkzeugs Zauberstab in Adobe Photoshop frei gestellt.

Tipp

Häufig deutet ein Schlosssymbol in der Ebenenpalette darauf hin, dass die Ebene gesperrt ist und nur teilweise bearbeitet werden kann. Um die Ebene zu entsperren, reicht ein Doppelklick auf das Schlosssymbol.

Der Hintergrund wurde entfernt, indem er mithilfe des Zauberstabs markiert und die Taste Entfernen gedrückt wurde.

Nachdem alle benötigten Bildinhalte einen transparenten Hintergrund hatten, wurden diese in die Buchdatei kopiert. Dies erreicht man zum einen durch das Kopieren über die Zwischenablage: Element auswählen, Tastenkombination „Strg+C" zum Kopieren, danach in die Buchdatei wechseln und „Strg+V" zum Einfügen drücken. Die Funktionen Kopieren und Einfügen findet man ebenfalls in der Menüleiste unter dem Eintrag Bearbeiten. Eine zweite Variante ist per Drag and Drop möglich. Man wechselt zur gescannten Datei, greift sich in der Ebenenpalette die entsperrte Ebene und zieht diese per drag and drop in die Buchdatei. Nachdem sich alle Elemente, welche die Schülerinnen für das Deckblatt benötigten, in der Buchdatei befanden, stellten die Schülerinnen fest, dass es von Vorteil wäre, das gesamte Buchprojekt innerhalb einer Photoshop-Datei zu gestalten. Somit war es einfacher, mehrfach verwendete Elemente zu kopieren und einzufügen. Da bei jedem

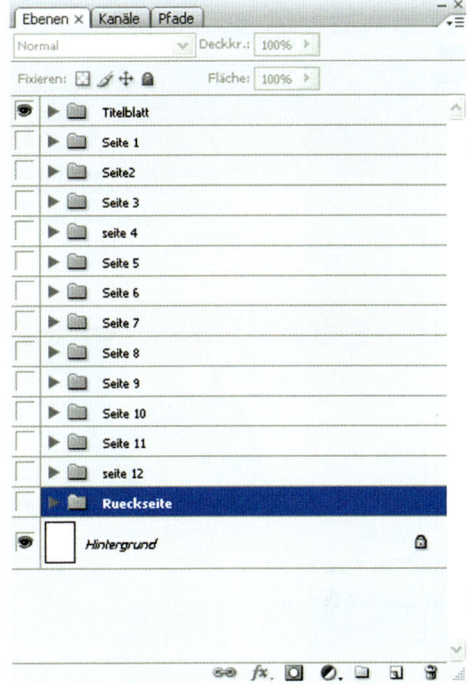

Ordnerstruktur in der Ebenenpalette

Einfügen eines neuen Bildes eine neue Ebene entsteht, musste die Ebenenpalette besser strukturiert werden. Alle neu entstandenen Ebenen bekamen einen eindeutigen Namen. Dies erreicht man durch Doppelklick auf die jeweilige Ebenenbezeichnung. Danach wurde über das Ordnersymbol in der Ebenenpalette für jede Seite ein neuer Ordner angelegt und mit der entsprechenden Seitenzahl benannt.

Per Drag and Drop ist es wieder möglich, entsprechende Ebenen in bestimmte Ordner zu ziehen. Bevor mit der ersten Seite des Buchs begonnen wurde, blendeten die Schülerinnen durch einen Klick auf das Augensymbol in der Ebenenpalette den Ordner Deckblatt aus. Alle Seiten wurden so nach und nach fertig gestellt. Einzelne Ebenen, welche mehrfach auf verschiedenen Seiten verwendet wurden, konnten durch Rechtsklick auf die jeweilige Ebene dupliziert und somit nochmals eingesetzt werden. Als alle eingescannten Zeichnungen den jeweiligen Seiten bzw. Ordnern zugeordnet waren, begannen die Schülerinnen mit der Feinarbeit. Die Bildelemente wurden entsprechend dem Gestaltungsraster angeordnet und die Reihenfolge festgelegt. So konnte der Berg im Ordner 5 nachträglich in den Hintergrund geschoben werden. Dies erreicht man durch Verschieben der Ebenen in der Ebenenpalette. Die Ebene, welche ganz oben liegt, befindet sich im Vordergrund, die unterste im Hintergrund.

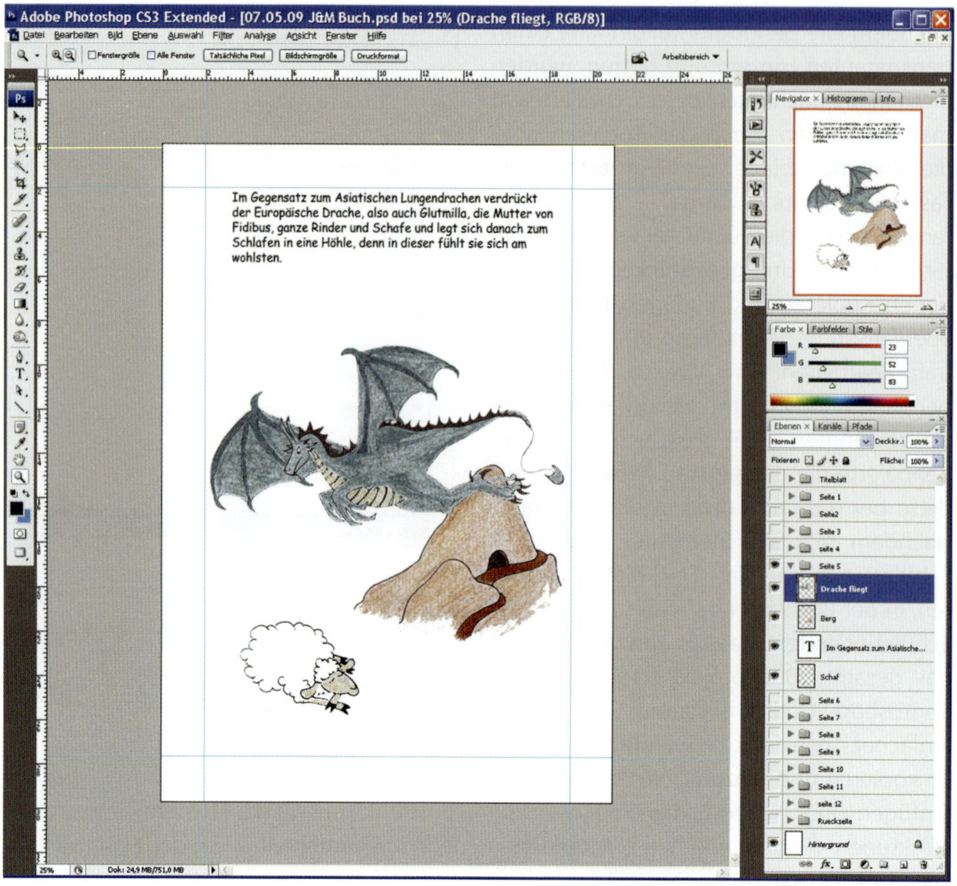

Im Gegensatz zum Asiatischen Lungendrachen verdrückt der Europäische Drache, also auch Glutmilla, die Mutter von Fidibus, ganze Rinder und Schafe und legt sich danach zum Schlafen in eine Höhle, denn in dieser fühlt sie sich am wohlsten.

Arbeiten mit der Ebenenpalette

Kleine Unreinheiten, welche durch den Scanprozess im Bild zu sehen waren, wurden jetzt mithilfe des Radiergummi-Werkzeuges beseitigt. Danach wurde der Text entsprechend des Konzepts geschrieben. Hierfür verwendeten die Schülerinnen das Textwerkzeug. Auf zusätzliche fremde Bildinhalte wurde verzichtet, da hierfür der Zeitrahmen des Projektes nicht ausreichte.

Das Kinderbuch „Wer bin ich?" wurde in einer Onlinedruckerei im Stil eines Fotoheftes gedruckt. Durch die professionelle Druckqualität, Papierstärke und Bindung erhielt das fertige Buch seinen letzten Schliff.

Weiterentwicklung des Buches durch zusätzliche Bildelemente.

Das fertige Buch im Überblick

Wer bin ich?

Autor: Juliane Audersch   Illustration: Marit Großkopf

Das ist Fidibus. Fidibus ist noch ein sehr junger Drache, er ist gerade einmal 27 Jahre alt. Das ist für einen Drachen noch sehr jung, denn Drachen können über 500 Jahre alt werden. Gemeinsam mit seiner Mutter Glutmilla lebt er in einer kleinen, gemütlichen Drachenhütte am Rande einer großen Stadt.

Seit gestern besucht Fidibus den Kindergarten. Die Kinder dort sind mächtig neugierig und wollen wissen von was für einer Drachenart er abstammt. Doch das weiß Fidibus selbst nicht so genau. Wie bei den Menschen gibt es auch bei den Drachen unterschiedlich Aussehende. Das liegt daran, dass es so viele Länder auf der Welt gibt.

So gehört die Mutter von Fidibus, Glutmilla zu den Europäischen Drachen. Sie kommt aus Rumänien, einem fernen Land im Osten. Der Vater, Yin Yan wurde in China geboren und wird somit dem Asiatischen Lungendrachen zugeordnet. Und Fidibus?

Sein Vater Yin Yan lebt in einer Höhle unter Wasser, denn dort gefällt es ihm besonders gut. Am liebsten frisst er gebratenen Schwan, aber Fisch und Vögel gehören auch auf seinen Speiseplan.

Im Gegensatz zum Asiatischen Lungendrachen verdrückt der Europäische Drache, also auch Glutmilla, die Mutter von Fidibus, ganze Rinder und Schafe und legt sich danach zum Schlafen in eine Höhle, denn in dieser fühlt sie sich am wohlsten.

Fidibus frisst besonders gerne Fische und Schafe, aber gebratenen Schwan mag er überhaupt nicht. Eine Erfrischung holt er sich an einem großen See in der Nähe seiner Höhle.

Drachen unterhalten sich natürlich auch. In Asien, der Heimat vom Asiatischen Lungendrachen, verständigt man sich mit besonderen Schriftzeichen.

范　德　莱

Die Europäischen Drachen unterhalten sich auch mit Schriftzeichen, aber die sehen ganz anders aus als die der Asiatischen Lungendrachen.

A B C

Fidibus hat das Glück, dass er sich mit zwei Schriftzeichen verständigen kann. Die asiatischen Schriftzeichen hat er damals, als er noch klein war, von seinem Vater gelernt. Mit seiner Mutter unterhält er sich nur mit Hilfe der europäischen Schriftzeichen.

In Asien werden Drachen sehr gemocht. Die Menschen verehren sie sogar und haben großen Respekt vor ihnen. Viele malen oder fotografieren sie und hängen sie in ihre Wohnung.

Die Europäer verehren die Drachen nicht, sie haben große Angst vor ihnen. Sie wissen nicht, dass die Drachen ihnen nichts Böses wollen, deswegen werden sie von den Menschen gefürchtet.

Schon einige Male sind vor Fidibus Menschen weggerannt, weil sie Angst hatten. Fidibus aber hat viele Freunde und wer ihn kennt hat keine Angst mehr vor ihm.
Und wo gehört Fidibus nun hin? Zu den Asiatischen Lungendrachen oder zu den Europäischen Drachen?

Fidibus hat Eigenschaften von beiden Drachenarten, er ist also eine Mischung aus dem Asiatischen Lungendrachen und dem Europäischen Drachen. Jedes Kind hat bestimmte Eigenschaften von seinen Eltern, so wie Fidibus. Und weil seine Eltern verschiedener Drachenarten angehören hat Fidibus ganz unterschiedliche Eigenschaften und das macht ihn zu einem ganz besonderen Drachen.

4.8 Lernfeldübergreifendes Arbeiten und Themenwahl

Das Projekt Kinderbuch findet sich wie alle vorangegangenen Projekte im Bereich der kulturell-kreativen Kompetenzen und dem gezielten Arbeiten mit Medien der sozialpädagogischen Ausbildungsberufe wieder. Lernfeldübergreifendes Arbeiten sollte auch hier angestrebt werden, da eine starke Verschränkung vor allem mit dem Fach Deutsch sowie den gestalterischen Ausdrucksmöglichkeiten existiert. Eine Arbeitsteilung bietet sich insofern an, dass im Deutsch-Unterricht eine Geschichte o. Ä. verfasst und nach inhaltlichen sowie orthografischen Gesichtspunkten korrigiert wird. Die Thematik kann sowohl ein pädagogisches Unterrichtsthema, z. B. Migration, als auch kindzentrierte Sachthemen, z. B. Tiere oder Indianer, umfassen. Die fachliche Unterstützung erhalten die Schülerinnen im jeweiligen Lernfeld. Denkbar sind in diesem Fall die Lernfelder „Bildungs- und Entwicklungsprozesse anregen und unterstützen", „Kinder und Jugendliche bei der Bewältigung besonderer Lebenssituationen unterstützen" sowie „Die Lebenswelten von Kinder und Jugendlichen analysieren, strukturieren und mitgestalten" des sächsischen Lehrplans für die Erzieherausbildung.

Ein Thema des Lernfeldunterrichts kann nach der theoretischen Bearbeitung handlungsorientiert umgesetzt und in einem (Kinder-)Buch anschaulich festgehalten werden. Das medienspezifische Lernfeld vermittelt theoretisches und technisches Fachwissen zur professionellen Ausgestaltung, andere Lernfelder können bei der korrekten Umsetzung, z. B.

von Texten und Bildern, unterstützen. Die Wahl des Themas ist auch hier u.a. abhängig von den Themen der einzelnen Lernfelder und deren Verknüpfung. Ein Kinderbuch als Abschluss und Ergebnissicherung einer Thematik zu erstellen, bietet den Schülerinnen einen zusätzlichen Einblick in die kindliche Perspektive, schafft damit Empathie und sie erhalten ein selbst hergestelltes individuelles Praxismaterial.

Das vorgestellte Projekt „Wer bin ich?" wurde im Fach Medien, ausgehend von der Behandlung der Migrationsproblematik, entwickelt. Das gewählte Thema Kulturelle Zugehörigkeit und Migration ist Bestandteil des Lehrplanthemas „Lebenssituationen von Migrantinnen und Migranten" aus dem Lernfeld „Kinder und Jugendliche bei der Bewältigung besonderer Lebenssituationen unterstützen". In diesem Lernfeld wurden u.a. die theoretischen Grundlagen der interkulturellen und ethisch-religiösen Bildung gelegt. Das Lernfeld „Pädagogische Beziehungen gestalten und Gruppenprozesse begleiten" unterstützte diesen Aspekt durch den Schwerpunkt „Werteerziehung und moralische Entwicklung". „Die Lebenswelten von Kindern und Jugendlichen analysieren, strukturieren und mitgestalten" lieferte als Lernfeld den Hintergrund zur „Familie als primäre Sozialisationsinstanz". Im Lernfeld „Kulturell-kreative Kompetenzen weiterentwickeln und gezielt mit Medien arbeiten" haben mehrere Lehrplanthemen Anteil an der Umsetzung. Aus dem Bereich der „Gestalterische(n) Ausdrucksmöglichkeiten" findet das „gestalterische Arbeiten für die Entwicklung und Förderung der Kreativität von Kindern, Jugendlichen und Gruppen" durch die Herstellung der zu den Texten passenden Bilder Anwendung. Die letztliche Umsetzung erfolgte im Bereich „Mediale Ausdrucksmöglichkeiten". Dieses Fach befasste sich zudem mit der „Wirkung vielfältiger Printmedien auf Kinder und Jugendliche" sowie dem „Lesen als Basis-Kulturtechnik, Leseentwicklung und Leseförderung". Die Texte wurden im Fach Deutsch auf Rechtschreibung, Grammatik und Ausdruck überprüft und korrigiert.

4.9 Methodische Hinweise zur Umsetzung des Projekts in der sozialpädagogischen Praxis

4.9.1 Kinder im Alter von null bis drei Jahren

Vor der Projektplanung sollte man sich als Erzieher sicher sein, seine Kindergruppe mit dem geplanten Projekt auch begeistern und über einen längeren Zeitraum bei Laune halten zu können. Dazu gehört, dass im Vorfeld bei den Kindern schon ein Interesse an Büchern besteht und diese auch regelmäßig im Krippenalltag genutzt werden. Aufgrund der altersbedingten geringen Aufmerksamkeitsspanne und Ausdauer lohnt es sich, den Prozess der Bucherstellung als langfristiges Projekt anzulegen, z. B. über den gesamten Zeitraum des Krippenbesuches, den Verlauf eines Jahres mit den verschiedenen Ereignissen des Jahreskreises oder zu einem Projekt, welches in der Einrichtung thematisiert wird.

Die individuellen Interessen bzw. zeitlich begrenzten Vorlieben der Kinder z. B. für Baufahrzeuge, ein bestimmtes Tier oder einen Gegenstand bieten die ideale Voraussetzung, um die Kinder zu motivieren, etwas zu Papier zu bringen. In der Krippe bietet es sich an, ein individuelles Buch für jedes Kind zu erstellen, welches gleichzeitig als Dokumentationsmöglichkeit neben dem Portfolio genutzt werden kann. Zudem ist es von den Kindern selbst gemacht und wird immer wieder gern angeschaut, es dient als Bestätigung der eigenen Fähigkeiten und erfüllt mit Stolz.

Kinder ab zwei Jahren sind in der Lage, Gezeichnetes auch nach längerer Zeit als eigenes Werk wiederzuerkennen und das Motiv zu benennen. Für die Zeit nach dem Krippenbesuch ist das Buch dann eine schöne Erinnerung. Ein ideales Format für den Krippenbereich ist das DIN-A5-Format. Es ist groß genug, um die Motive gut darzustellen bzw. beim Anschauen auch erkennen zu können und es ist klein genug, um von den Kindern beim Betrachten selbst in der Hand gehalten werden zu können. Dem Erzieher bleibt die Wahl überlassen, ob er von den Kindern Einzelseiten gestalten lässt und diese später zu einem Buch bindet oder ob im Schreibwarenhandel Schreibhefte gekauft werden, deren Seiten von den Kindern Schritt für Schritt gefüllt werden. Der Vorteil der Einzelseiten liegt darin, dass sie durch Laminieren, Einschlagen in Buchfolie oder Einlegen in Folienhüllen haltbarer gemacht werden können. Die Bücher sollen von den Kindern ja nicht nur hergestellt, sondern auch genutzt werden und durch die Laminierfolie sind die Seiten besser vor Verschmutzungen und mechanischen Einflüssen geschützt. Der Vorteil des fertigen Heftes liegt im darin angelegten Buchcharakter. Schon bei der Gestaltung wird dem Kind durch die äußere Form mitgeteilt, dass es sich um eine Art Buch handelt, wenn auch einige Seiten noch leer sind. In jedem Fall sollte man auch die Umschlaggestaltung dem Kind überlassen, es entwickelt sich dadurch eine höhere Identifikation („Das ist mein Buch."). Bei der Beschriftung des eigenen Werkes mit dem Namen des Verfassers und ggfs. einem Titel sollte das Kind zugegen sein. Titel und Name sind das Aushängeschild des Buches und dieser Arbeitsschritt bedeutet für das Kind ein hohes Maß an Wertschätzung und Anerkennung seines Könnens.

4.9.2 Kinder im Alter von drei bis sechs Jahren

Die Hinweise zur Krippe lassen sich im Kindergarten weiterführen. Das reine Bilderbuch tritt in den Hintergrund und Texte erhalten jetzt eine größere Bedeutung. Die Ausführung dieser Texte obliegt in erster Linie dem Erzieher, wobei das Vorschulalter eine Ausnahme bilden kann. Den Kindern sollte die Möglichkeit gegeben werden, in entspannter Atmosphäre ihre Ideen für eine Geschichte zu entwickeln, welche vom Erzieher so detailgetreu wie möglich für die weitere Verarbeitung dokumentiert werden. Hierfür bieten sich Diktiergeräte an, da sie den Inhalt eins zu eins aufnehmen, beliebig abspielbar und auch für Kinder leicht zu bedienen sind. Als weitere Hilfestellung für die Erfassung von Ideen zur Geschichte kann man Papier und Stifte frei zugänglich auslegen, so dass die Kinder bei einem interessanten Gedanken diesen direkt aufzeichnen können. Gemeinsam mit dem Erzieher können im Anschluss daran weitere Details schriftlich ergänzt werden. Wichtig ist den Kindern zu vermitteln, dass Ideen nicht unbedingt dann entstehen, wenn man in einer festgelegten Zeit darüber grübelt. Sie entwickeln sich aus dem kindlichen Spiel heraus, weshalb der erste Teil des Buchprojektes, die Ideenfindung, keinen eigenen Zeitrahmen im Kindergartenalltag benötigt, sondern parallel mit Freispiel- und Angebotszeit abläuft.

Etwa ab dem vierten Lebensjahr kann man überlegen, ob zwei Kinder gemeinsam an einem Buch arbeiten wollen. Bestehende enge Freundschaften und regelmäßige Spielgemeinschaften bieten dafür eine gute Basis. Größere Gruppen bedürfen in diesem Alter noch einer starken Lenkung durch den Erzieher. Das Treffen von Entscheidungen gestaltet sich schwierig und kann die Motivation negativ beeinflussen. Es gibt Kinder, die sich nur ungern mit Papier, Stiften, Schere und Leim beschäftigen. Dennoch ist es für das Kind immens wichtig, diese Materialien zu nutzen, um z. B. die Entwicklung der Grafomotorik so zu unterstützen, dass es beim Schuleintritt und dem damit verbundenen Schreibenlernen keine Schwierigkeiten bekommt. Die Erzeugung einer entsprechenden Motivationshaltung sollte auf jeden Fall über die Interessen des Kindes erfolgen. Je nachdem, wie das Vorschuljahr hinsichtlich des Schriftspracherwerbs gestaltet wird, können die Vorschüler

auch selbst schon kleine Geschichten ohne Rücksicht auf Rechtschreibung oder Grammatik schreiben. Schöne Beispiele liefert hierzu u. a. der Freundeskreis Buchkinder e.V.

4.9.3   Das Grundschulalter, ältere Kinder und Jugendliche (ab sieben Jahren)

Hier gilt es als erstes zu entscheiden, ob jeder Schüler sein eigenes Buch gestaltet oder Kleingruppen bzw. sogar die gesamte Klasse an einem Buch gemeinsam arbeiten. Um den Kindern die Entscheidung zu erleichtern, sollte man ihnen Vor- und Nachteile des Arbeitens in der jeweiligen Sozialform darlegen.

Die Einzelarbeit birgt ein hohes Maß an Entscheidungsfreiheit und Flexibilität, da man nicht an andere Mitstreiter gebunden ist und anstehende Aufgaben ohne vorherige Diskussion nach eigenem Gutdünken bewältigen kann. Allerdings ist man vom Anfang bis zum Schluss für jeden Arbeitsschritt allein verantwortlich und kann sich lediglich einen Rat holen. Die Kleingruppenarbeit ist ideal für das Einüben demokratischer Prozesse. Es fließen mehrere Perspektiven in die Arbeit ein, die bereichernd sein können. Die Aufgaben werden auf einige Schultern verteilt und dennoch bleibt alles überschaubar. Die Arbeit innerhalb einer großen Gruppe, z. B. der gesamten Klasse, birgt viele Risiken. Sind mehrere Schüler mit derselben Aufgabe beschäftigt, gehen individuelle Leistungen im Gesamtbild unter oder einzelne ruhen sich auf Kosten anderer aus. Auch das Treffen von Absprachen und Entscheidungen erfordert ein Höchstmaß an Koordination durch die Erzieher, wenn 20 Meinungen in einem Buch untergebracht werden sollen. Für die gesamte Klasse spricht letztendlich das gemeinsame Ergebnis, welches alle trotz eventueller Meinungsverschiedenheiten wieder vereint. Hier könnte z. B. ein „Klassenbuch" entstehen, welches die Gruppe vom ersten bis zum letzten gemeinsamen Schultag begleitet oder ein Thema berührt, welches die Schüler stark beeindruckt hat.

Auch Lesemuffel kann man so an Bücher und an das Lesen heranführen. Das Herstellen eines eigenen Buches von der ersten Idee bis zum fertigen Buch erzeugt Spannung und weckt Lesefreude, denn das Kind möchte natürlich sein fertiges Buch von vorn bis hinten durchblättern, es kontrolliert, ob sich eventuelle Fehler eingeschlichen haben und über diesen Weg setzt es sich intensiv mit der selbst geschaffenen Literatur auseinander. Auch die Ergebnisse der Klassenkameraden sind von Interesse, es werden Vergleiche angestellt und das Kind erhält von der Gruppe Anerkennung für seine Leistung. Dieses Projekt eignet sich besonders als Kooperationsmöglichkeit von Grundschule und Hort oder als ein Thema für das Ganztagsschulkonzept. Die Texte für das Buch können die Kinder im Rahmen des Deutschunterrichtes verfassen, wodurch nicht nur der Wortschatz, Ausdruck und grammatikalische Fähigkeiten erweitert werden, sondern sich die Kinder freiwillig und spielerisch mit Literatur und den verschiedenen Gattungen beschäftigen. Manche Kinder schreiben gern Gedichte und möchten die Texte zu ihrer Geschichte reimen. Anderen Kindern liegt das detaillierte Beschreiben von Situationen, Personen oder Gegenständen. Wieder andere fassen sich kurz und lassen den Text im Zusammenhang mit dem Bild wirken. Egal, wofür sich ein Kind entscheidet, es verdient die volle Unterstützung und Anerkennung des Erziehers oder Lehrers, denn nur so kann sich die Motivation des Kindes zur Beschäftigung mit Literatur weiter entfalten. Eine weitere Aufgabe des Deutschlehrers ist die Korrektur der Texte unter orthografischen Gesichtspunkten gemeinsam mit den Kindern. Grammatikalische Regeln und Rechtschreibung werden spielerisch vermittelt und von den Kindern bereitwillig aufgenommen, denn der Stolz über das eigene Buch ist umso größer, wenn es fehlerfrei ist und dies anerkennend von erwachsenen Lesern wie den eigenen Eltern bemerkt wird. Für die Arbeit am PC ist zuerst der Erzieher verantwortlich. Er schätzt ein, welche Teilschritte von den Kindern übernommen werden können und beaufsichtigt den korrekten Umgang mit Hard- und Software. Dazu muss er die Kinder anleiten, denn bei allem Forscherdrang lässt sich der Umgang mit Programmen der Bild- oder Textverarbeitung nicht autodidaktisch erlernen. Wenn die notwendigen Grundlagen vermittelt wurden, kann man den Kindern Raum und Zeit zur Verfügung stellen um mit Schriftarten, Bildbearbeitungswerkzeugen oder verschiedenen Filtern zu experimentieren. Die Gestaltung des Buches soll schließlich ihren Vorstellungen entsprechen und soweit wie möglich auch selbstständig von den Kindern umgesetzt werden. Der Erzieher begrenzt aber auch die Zeit der Kinder am PC, denn diese sollte dem kindlichen Entwicklungsniveau entsprechend nicht überschritten werden.

4.10 Weiterführende Literatur

Literacy-Erziehung

- Näger, S.: Literacy - Kinder entdecken Buch-, Erzähl- und Schriftkultur. Verlag Herder, 3. Auflage, 2005.

- Rau, M. L.: Literacy: Vom ersten Bilderbuch zum Erzählen, Lesen und Schreiben. Haupt Verlag, 2., aktual. Auflage, 2009.

- Brem, C. (Hrsg.): Unsere Bilderbücher - Was sie alles können: Leitfaden. Thienemann Verlag, aktual. und vollst. überarb. Neuausgabe, 2008.

- Hollstein, G., Sonnenmoser, M.: Werkstatt Bilderbuch: Allgemeine Grundlagen, Vorschläge und Materialien für den Unterricht in der Grundschule. Schneider Verlag Hohengehren, 2., aktual. Auflage, 2006.

Druck und allgemeine Grundlagen

- Grabowski, B., Fick, B.: Drucktechniken. Das Handbuch zu allen Materialien und Methoden. Dumont Buchverlag GmbH, 2010.

- Desmet, A., Anderson, J., Rometsch, M. (Übers.): Drucken ohne Presse: Eine Einführung in kreative Drucktechniken. Haupt Verlag, 2000.

- Friedrich, A.: Drucken mit Kindern: Druckwerkstatt. Für die 1. bis 4. Klasse Grundschule. BVK Buch Verlag Kempen GmbH, 2. Auflage, 2004.

- Böhringer, J., Bühler, P., Schlaich, P.: Kompendium der Mediengestaltung Digital und Print: Konzeption - Gestaltung - Produktion - Technik. Set mit 2 Bänden. Springer Verlag Berlin, 4., vollst. überarb. und erw. Auflage, 2008.

Kinder- und Jugendliteratur

- Fürst, I. A., Helbig, E., Schmitt, V.: Kinder- und Jugendliteratur: Theorie und Praxis mit Zusatzmaterialien auf CD-ROM. Bildungsverlag EINS, 2. Auflage, 2008.

- Marquardt, M.: Einführung in die Kinder- und Jugendliteratur. Bildungsverlag EINS, 11. Auflage, 2007.

- Marquardt, M.: Handbuch Kinder- und Jugendliteratur. Bildungsverlag EINS, 2010.

- Ewers, H.- H.: Literatur für Kinder und Jugendliche: Eine Einführung in grundlegende Aspekte des Handlungs- und Symbolsystems Kinder- und Jugendliteratur. Mit einer Auswahlbibliographie Kinder- und Jugendliteraturwissenschaft. UTB, 2000.

- Seibert, E.: Themen, Stoffe und Motive in der Literatur für Kinder und Jugendliche. UTB 2008

Literaturverzeichnis

Baacke, Dieter: Zum Konzept und zur Operationalisierung von Medienkompetenz, Universität Bielefeld, 1998, unter www.uni-bielefeld.de/paedagogik/agn/ag9/Texte/MKompetenz1.htm, [18.02.2010]

Baacke, Dieter: Geflimmer im Zimmer. Informationen, Anregungen und Tipps zum Umgang mit dem Fernsehen in der Familie, 6. Auflage, hrsg. v. Bundesministerium für Familie, Senioren, Frauen und Jugend, Berlin, 2009.

Böhringer, Joachim/Bühler, Peter/Schlaich, Patrick/Ziegler, Hans Jürgen: Kompendium der Mediengestaltung für Digital und Printmedien, Springer Verlag, 2002.

Eirich, Hans: Wie viel Fernsehen ist erlaubt? In: Das Familienhandbuch des Staatsinstituts für Frühpädagogik (IFP), 2006, hrsg. v. Wassilios E. Fthenakis und Martin R. Textor, unter www.familienhandbuch.de/cmain/f_Fachbeitrag/a_Erziehungsbereiche/s_15.html, [28.03.2010]. (Überarbeitete Fassung des Textes „Kinder und Fernsehen", in: „Das Haus").

Eisenstein, Sergej: Über den Bau der Dinge, in: Ausgewählte Aufsätze, Berlin, 1960.

Eisenstein, Sergej M.: Montage 1938, in: Jenseits der Einstellung. Schriften zur Filmtheorie, übersetzt und herausgegeben von Felix Lenz und Helmut Diederichs, Suhrkamp, Frankfurt a.M., 2006.

FLIMMO – Programmberatung für Eltern e. V.: Flimmo – Kinderbefragung „Fernsehen zwischen Kindheit und Jugend", München, 2006, unter www.flimmo.de/downloads/File/Bericht_Jugend_Fernsehen.pdf, [25.02.2010]

Fthenakis, Wassilios E. (Hrsg.): Naturwissen schaffen 5. Frühe Medienbildung, Bildungsverlag EINS, Troisdorf, 2009.

GfZK FÜR DICH: Arbeitstitel „Es tut sich was...", in: Konzeption Projekt 2007/2008, ohne Verlag, 2007.

Hobmair, Hermann (Hrsg.): Psychologie, 4. Auflage, Bildungsverlag EINS, Troisdorf, 2008.

Hoffmann, Heinrich: Der Struwwelpeter, Leipzig, Edition Peters, 1979.

Lenz, Felix/Diederichs, Helmut: Jenseits der Einstellung. Schriften zur Filmtheorie, Suhrkamp, Frankfurt a.M., 2006.

Marquardt, Manfred: Handbuch Kinder- und Jugendliteratur, Bildungsverlag EINS, Troisdorf, 2010.

Piaget, Jean: Das moralische Urteil beim Kinde, Rascher, Zürich, 1954.

Piaget, Jean: Das Erwachen der Intelligenz beim Kinde. Klett, Stuttgart, 1969.

Sächsisches Staatsministerium für Kultus: Lehrplan Grundschule – Sachunterricht, 2004, S. 5-27.

Sommer, Brigitte: Kinder mit erhobenem Kopf. Kindergärten und Krippen in Reggio Emilia, Luchterhand, Neuwied, 1999.

Bildquellenverzeichnis

© mauritius images/age: Umschlagfoto

© Anette Linnea Rasmussen/fotolia.com: S. 15

© picture-alliance/dpa: S. 16, 42

© Markus Jentsch, Leipzig: S. 18, 19, 20 (2x), 21 (2x), 22, 46 (unten), 47 (2x), 48 (2x), 49 (2x), 50 (2x), 51 (2x), 85 (unten), 86 (5x), 91 (2x), 92, 98, 99 (3x), 110, 126 (3x), 127 (6x), 128 (4x), 144

© Galerie für Zeitgenössische Kunst und Kindergarten, Alte Strasse, Leipzig: S. 23, 26, 28, 29 (2x), 30, 31

© Olga Lyubkina/fotolia.com: S. 37

© Aleksandr Lazarev/fotolia.com: S. 41

© akg-images: S. 45

© Bildungsverlag Eins, Troisdorf/Angelika Brauner, Hohenpeißenberg: S. 46 (oben), 54, 66, 85 (oben), 107

© Markus Jentsch, aufgenommen am SAE Institut, Leipzig: S. 52, 95, 109, 117 (2x)

© akg-images/20th Century Fox/Fran Duhamel: S. 55 (2x)

© Bildungsverlag Eins, Troisdorf/Evelyn Neuss, Hannover: S. 56

© Bildungsverlag Eins, Troisdorf/Candoo Media Köln, Nikolas Weber: S. 57 (2x), 58 (2x), 87 (2x)

© Screenshot aus „Panzerkreuzer Potemkin" von Sergej Eisenstein (1925): S. 67 (2x), 68 (2x), 69 (2x), 70 (4x), 71 (4x), 72 (2x)

© xavier gallego morel/fotolia.com: S. 79

© Adobe product screenshots reprinted with permission from Adobe® Systems Incorporated: S. 88, 89 (Foto: Markus Jentsch), 111, 112 (Foto: Markus Jentsch), 113, 114 (oben), 115 (2x), 118, 145, 146, 162 (2x, Illustration: Marit Großkopf), 163, 164 (oben, Illustration: Marit Großkopf)

© Mediagfx/fotolia.com: S. 94 (oben)

© Aleksandr Volkov/fotolia.com: S. 94 (unten)

© DeVIce/fotolia.com: S. 97 (links)

© los-daniolos/fotolia.com: S. 97 (rechts)

© Catalin Petolea/fotolia.com: S. 101

© Sebastian Ingenfeld/fotolia.com: S. 103

© Windows Movie Maker®, Microsoft 2010: S. 104 (Fotos: Markus Jentsch)

© Artur Steinhagen/fotolia.com: S. 114 (unten)

© Windows®, Microsoft 2010: S. 125

© Bildungsverlag Eins, Troisdorf/Christian Schlüter, Essen: S. 136, 153

© picture-alliance/ZB – Fotoreport: S. 140

© Bildungsverlag Eins, Troisdorf/Oliver Wetterauer, Stuttgart: S. 142 (2x)

© Marit Großkopf, Illustrationen Kinderbuchprojekt (Texte: Juliane Audersch): S. 143, 148, 164 (unten), 165, 166, 167, 168

© Scribus, Open Source Desktop Publishing: S: 151

© Heinrich Hoffmann, aus: Der Struwwelpeter, 1858/Wikimedia Commons: S. 155 (3x)

© contrastwerkstatt/fotolia.com: S. 171

Sachwortverzeichnis